スタッフを育て、売上げを伸ばす
中国料理のマネージャー

中国料理サービス研究家　ICC認定国際コーチ
中島　將耀・遠山詳胡子　共著

はじめに

繁盛店のマネージャー

　今、あなたのお店は満席です。入口の外側まで、お客様が並んで、席が空くのを待っています。そんな混雑状況こそ、マネージャーの腕の見せ所です。まさに嬉しい悲鳴、の状態ではありますが、むしろそのパニックを楽しむぐらいの、心のゆとりが欲しいものです。
　では、そんな心のゆとりはどこから生まれるか。
　それには十分な知識と、多彩な経験が必要になります。
　経験ばかりは、教えて差し上げることはできませんが、知識と考え方なら、私の歩んできた道の中から、お伝えできることもあるでしょう。そんな気持ちで、この本を作りました。

　マネージャーとは、売り上げに責任を持つ立場です。そこで、繁盛して満席が続くような店で売り上げをさらに倍増させようと、必勝パターンを狙おうとする時、どうするでしょう。多いのが「混雑時（＝忙しい時）にサービススタッフを集中させる」、中央突破作戦です。が、実はそれは落とし穴。実際忙しいのだから仕方がない部分もありますが、「マネージャーの俺もこんなに頑張ってるんだから、こんな時ぐらい協力してくれ」といわんばかりに働かせるのは下の下の策です。
　レストランの売り上げ常勝パターンは、「一番忙しい時にこそ、スタッフが食事や休憩が取れる状態に置くこと」なのです。それもずれたり、短縮されることなく、ローテーション通りに、休めることが大切です。たまの1日だけ忙しいならまだしも、繁忙期にはそのパニックが連日なのです。
　スタッフから見れば、どんなに忙しくても、食事や休憩が取れる

状態だからこそ、安心して働けるのです。上司が信頼できるのです。その安心感・信頼感が、仕事への集中力を生むといっても過言ではありません。

　部下が働いてくれるからこそ、マネージャーがいられるのです。肝心のマネージャーが、一将功成り万骨枯らすようなことではいけません。信頼され、安心してもらえるマネージャーであるために、学んでほしいことを一冊に込めました。マネジメント編は私が、人材育成編はサービス業界の指導で定評があるICC認定国際コーチの遠山詳胡子先生にお願いいたしました。
　あなたの仕事のお役に立てれば、幸いです。
中　島　將　耀

● 目次

はじめに ………… 3

●マネジメント編

1章　中国料理の常識・非常識 ………… 12
　　中国は巨大な「地方・民族」の集合体 ………… 12
　　ニッポンの「中国料理」 ………… 14
　　ホテルのレストランと専門レストランの違い ………… 16
　　街中の中国料理専門レストラン ………… 17

2章　素材と調味料の特徴 ………… 19
　　素材は徹底的に食べつくす！ ………… 19
　　調味料を知っておこう ………… 30

3章　調理法を知る ………… 34
　　中国料理の調理法 ………… 34
　　主な調理法を知る ………… 35
　　メニューを理解するには ………… 38
　　中国料理の調理道具 ………… 39

4章　飲み物を知る ………… 43
　　中国酒 ………… 43
　　ワイン ………… 45
　　中国茶 ………… 49

5章　宴会料理とマナー ………… 51
　　宴会の構成を知る ………… 51
　　冷菜（前菜） ………… 53

熱菜（メイン料理）………… 53
　　　スープ（湯＝タン）………… 55
　　　ご飯もの・麺もの………… 55
　　　点心………… 56
　　　中国料理のマナー………… 58

6章　料理の盛り付けと演出………… 64
　　　おいしい！と思うポイント………… 64
　　　立体感や遠近感を利用する………… 65

7章　中国料理の宴会サービス………… 67
　　　レストランでのサービス………… 67
　　　サービングカトラリーの使い方………… 68
　　　宴会でのサービス………… 71
　　　抜栓（シャンパン・ワイン）………… 73
　　　伝えておきたい　特殊料理のサービス技法………… 79
　　　「席次」の大切さを知る………… 82

8章　マネージャーの役割………… 85
　　　マネージャーがなすべきこと………… 85
　　　マネージャーの行動指標………… 87
　　　目標設定の考え方………… 89
　　　目標設定の注意点………… 90
　　　サービス業の労働生産性………… 91
　　　権限委譲とは………… 92
　　　人事考課………… 94
　　　人事評価の落とし穴………… 96
　　　マネージャーは店をコントロールすべし………… 96
　　　ミーティングの重要性………… 100
　　　チームワークの重要性………… 101
　　　シフト表から見えてくるもの………… 102

目　次

9章　メニュー戦略と予算管理 ………… *104*

メニュー戦略を考える ………… *104*
メニュー作成のために ………… *104*
レシピと原価 ………… *107*
予算管理・歩留まり ………… *109*
売り切る食材・寝かせる食材 ………… *111*
食事の予測と材料の仕入れ ………… *113*
食材仕入れの注意点 ………… *114*
飲料仕入れの注意点 ………… *115*
什器・食器の管理 ………… *116*
棚卸資産回転率について ………… *117*
予算の作成と算出方法 ………… *120*

10章　調理場を知る ………… *124*

調理場を知る ………… *124*
調理場の事情 ………… *125*
繁忙期の調理場 ………… *127*

11章　サービスの現場で ………… *131*

予約から何を読み取るか？ ………… *131*
お客様のどこを見るべきか？ ………… *133*
オーダー時に起こりがちなこと ………… *135*
上手な料理の勧め方 ………… *136*
お客様の表情を見逃すな！ ………… *140*
トラブルのパターンを学べ ………… *142*
他店（ライバル店）を調べる ………… *146*
イベントはちょっとしたコツで「呼び水」に ………… *148*
マーケット戦略を考える ………… *149*
売り上げのペース配分 ………… *150*
繁盛店の条件 ………… *151*

　　　　社内会議に臨むには ………… *152*
　　　　職場風土はマネージャーが作る！ ………… *152*

12章　本当の顧客管理 ………… *155*
　　　　初めてのお客様と常連のお客様 ………… *155*
　　　　常連のお客様という存在 ………… *156*
　　　　最後のサービスこそ大切に！ ………… *158*
　　　　顧客管理 ………… *160*
　　　　お客様の会食を成功させるために ………… *162*

13章　商品衛生と安全管理 ………… *167*
　　　　衛生管理の概要 ………… *167*
　　　　マネージャーの責任 ………… *180*
　　　　お客様を守る ………… *185*

14章　私のテーブルマナー教室 ………… *189*
　　　　テーブルマナー教室の準備 ………… *189*

目　次

● 人材育成編

部下と向きあう………… *194*

1章　マネージャーの仕事………… *195*
仕事の「生産性」と「効率化」………… *197*
部下の心を守るのは、マネージャー………… *200*
「関係の質」が今求められている………… *202*

2章　信頼関係を構築する法則………… *205*
信頼関係のスタートは「観察」………… *207*
　レベル 1「見る・聞く」………… *207*
　レベル 2「観る・聴く」………… *207*
　レベル 3「よく観て・よく聴く＆訊く」………… *208*
　レベル 4「評価しないで観る・聴く」………… *212*
　レベル 5「聽」………… *214*

3章　ラポールを創る………… *215*
目からの情報………… *216*
耳からの情報………… *219*

4章　コーチングマネージャー………… *228*
教えることからの脱却………… *232*
質問の注意点………… *240*
言葉を和らげる方法………… *242*

5章　目標設定7つのルール………… *244*
①避けたいことではなく、望んでいること……… *245*
②他人の変化ではなく、自分の変化………… *246*
③気持ちの変化ではなく、行動の変化………… *247*
④進捗を測れること………… *248*

⑤やりがいがあって、現実的であること ………… *249*
　　　⑥ライフバランスを考える ………… *250*
　　　⑦すぐに行動できること ………… *251*
　　価値観 ………… *253*
　　部下の特性と対応 ………… *254*

6章　メンタルヘルス ………… *256*

　ストレスとは ………… *257*
　　変化を見逃さない ………… *261*
　　うつ病 ………… *262*
　マネージャーとしての責務 ………… *265*
　　仕事の与え方 ………… *268*

7章　職場のいじめ ………… *270*

　　いじめの加害者 ………… *271*
　　いじめの見極め方 ………… *272*
　　いじめの隠蔽化 ………… *274*
　　いじめの対処法 ………… *276*

8章　ユニバーサルマナー ………… *279*

　　肢体障害 ………… *281*
　　視覚障害 ………… *283*
　　　お声がけの方法 ………… *283*
　　　移動時のサポート ………… *284*
　　　段差や階段でのサポート ………… *284*
　　　イスへの案内 ………… *285*
　　　メニューの案内 ………… *285*
　　　トイレへの案内 ………… *285*
　　あるマネージャーの挑戦 ………… *286*

おわりに ………… *287*

中国料理の
マネージャー

―マネジメント編―

マネジメント編

1章　中国料理の常識・非常識

　一般的な日本人のうち、外国人から「『懐石料理』と『会席料理』はどう違うのですか？」と聞かれて、正確に答えられる人が一体どのくらいいるでしょうか。
　これだから今の若い人は…という話ではありません。
　実はこれ、中国の人だって同じこと。中国人だからといって、中国料理を正確に知っているとは限らないのです。
　確かに、自分の生まれ故郷の料理については説明できるかもしれません。しかし、ご存知の通り中国は非常に広い国土を持っています。食を含む文化はもちろん、言語さえ、地域ごとに異なるほどです。ましてや他の地域や地方の料理について、詳しく説明できる人は少ないのです。

中国は巨大な「地方・民族」の集合体

　そもそも「中華料理」という言葉自体が、日本語だということ、ご存知ですか？
　中国は正式には中華人民共和国。その中国の料理なのだから「中華料理」でいいんじゃないの？　と思うでしょう。
　中国語で「料理」とは、実は物事を処理する・対処する、という意味なのです。この言葉が日本に入ってきてから、独自の解釈がなされ、現在の使われ方になったもので、中国では料理のことは「菜」（ツァイ）といいます。
　日本でも「お惣菜」などのいい回しに名残が見られますよね。

　さて、その中国の料理は、

京菜（ヂンツァイ）
　川菜（チュワンツァイ）
　滬菜（フウツァイ）
　粤菜（ユエツァイ）

に大別されますが、それをさらに分類すれば下記のようになり、それをさらに56の民族料理系統まで含めたら、それこそ膨大な種類となります。

　今では日本人が「料理」という言葉を使うので、中国でも理解はされていますが、現地ではやはり「菜」が主流なのです。

地方別料理

北方系	北京料理	京菜（ヂンツァイ）
	山東料理	魯菜（ルウツァイ）
	山西料理	晋菜（ジンツァイ）
	天津料理	津菜（ジンツァイ）
	河南料理	河南菜（ホウナンツァイ）
	河北料理	河北菜（ホウペイツァイ）
	陝西料理	陝菜（シャンツァイ）
西方系	四川料理	川菜（チュワンツァイ）（成都系〈ツェントウ〉・重慶系〈チョンチン〉）
	貴州料理	黔菜（チェヌツァイ）
	湖北料理	鄂菜（オーツァイ）
	湖南料理	湘菜（シャンツァイ）
	雲南料理	滇菜（ティエンツァイ）
東方系	上海料理	滬菜（フウツァイ）
	揚州料理	淮揚菜（ホァイヤンツァイ） ┐
	蘇州料理	蘇菜（スウツァイ）　　　 ├ 江蘇菜（ジャンスウツァイ）
	南京料理	南京菜（ナンヂンツァイ）　│
	無錫料理	錫菜（シイツァイ）　　　 ┘

	杭州料理	杭菜（ハンツァイ）⎫
	寧波料理	寧菜（ニンツァイ）⎬ 浙江菜（ヂョージャンツァイ）
	安徽料理	徽菜（ホイツァイ）
	江西料理	江西菜（ジャンシイツァイ）
南方系	広東料理	⎫
	潮州料理	⎬ 粤菜（ユエツァイ）
	東江料理	⎭ 客家菜（ハッジャーツァイ）
	福建料理	閩菜（ミヌツァイ）
	広西料理	桂菜（クェイツァイ）
その他	回教料理	清真菜（チンヂェンツァイ）
	精進料理	素菜（スゥツァイ）
	蒙古料理	
	満州料理	

ニッポンの「中国料理」

　今からおよそ50年前、調理師見習いだったころのこと。料理長は張天禄・師父で、四川飯店の陳建民先生とは兄弟弟子でした。

　当時は現在のように中国食材が豊富ではありませんでした。日本にある食材で代用せざるを得ない時代でしたし、実際、そうしたレシピが料理番組や雑誌を通じて広がり、定着してゆきました。

　中国料理が世界中に広まったのも、それぞれの国の食文化や食習慣、食材に適合して溶け込み、独自に発展したものと思われます。しかし、日本で「これが中国料理だ」と思われている料理が本場のものとどの程度違うものなのか、少しご紹介したいと思います。

1．油淋鶏（ユーリンヂィ）

　日本では、下味をつけた鶏肉に片栗粉をまぶし、唐揚げにしてい

ますが、「油淋」とは油を廻しがけしながら揚げる技法のことをいい、「料理の仕上がり時にする方法」のことです。中国では、油の入った鍋に炸連（ザーレン）を敷き、鶏を支える左手が疲れてしまわないよう、鶏一羽をフックでひっかけて持ち上げるようにしながら、炸連に鶏の尾の部分を乗せるようにして油をかけ、調理します。油淋鶏という言葉を直訳するならば、

「鶏肉を油を廻しかけて仕上げる料理」ということになるのです。

２．酢豚（すぶた）

　日本で広く知られている酢豚は、広東料理が発祥のものです。ケチャップを味付けに使い、パイナップルなどの果物も入ります。

　なぜそんなことをいうのかといえば、実は「酢豚」的な料理は各地にあるからです。

　上海系の酢豚は「糖醋排骨」といって、黒酢を使います。あんからめ（あんを絡ませる料理）で、豚肉以外、他の食材は入りません。また、「咕咾肉」、「咕滷肉」と書かれる酢豚料理があります。この料理のことを「古くなった肉をかりかりに揚げて、甘酢をからめてごまかした」というのが由来だ、とまことしやかに語る人がいるようですが、これは誤りです。

　この料理の由来は、6世紀の「斉民要術」に載っており、豚肉を五寸（約15cm）幅に切り、塩で揉んだ後、うるち米の麹で酢酸を作り、香料を入れ、熟成初期に起こりやすいたんぱく質の腐敗を抑え、甕の中に漬け込み、密閉して暗所に保存。食べる時に炙ったり煮たりするのですが、現在の酢豚のようにからめたあんが甘酸っぱいのではなく、豚肉自身が発酵して酸味があるというものです。これは、古い時代の豚肉の保存食なのです。

3．回鍋肉（ホイコーロー）

　鍋を回す、とはどういうことでしょう。「回」とは「回来」（ホイライ）、帰って来る、戻って来る、という意味です。茹でて火を通した豚肉を鍋に戻して調理することからこの名が付いたので、肉を油通しするのは間違いです。それに、本場ではキャベツは入りません。使用するのは、ネギと葉ニンニクと豚肉だけです。

4．乾焼蝦仁（エビチリ）

　四川省のエビチリは、トマトケチャップは使いません。豚ひき肉を唐辛子とネギと一緒に炒めながら、川エビを合わせた料理です。四川省での「乾焼」とは、川魚を豆板醤などで煮詰めていくのが一般的な調理法です。

　また、「乾焼」の乾を略して干と書く場合があります。蝦の文字を略して（虾）と書くように、発音が同じだから用いていると思われがちですが、干の字については異なります。「乾」の字は「乾」と書くのが正解で、左下の干を略字として採用しているというわけです。この由来を知っている人は、今となっては中国人でも少ないでしょう。

ホテルのレストランと専門レストランの違い

　一流ホテルやシティホテルといわれるホテルの中には、西洋料理や日本料理と並んで、中国料理店が入っていることがほとんどです。ではそうしたホテル内レストランと、街中にある中国料理専門レストランとは、どう違うのでしょうか。

1．ホテルの中国料理レストランの歴史は、欧米文化に基盤があります。そのため、西洋料理がメインダイニングを占めることになり

ます。日本伝統の宿泊スタイルである「旅館」では、日本料理がメインダイニングとなります。その点、中国スタイルの宿泊施設というものはありません。おのずから、ホテル内での中国料理レストランの位置は、相対的に高いとはいいがたいのが現状です。ただし、香港のホテルでは、中国料理レストランがメインダイニングを占めています。

2．ホテルは専門家のプロ集団といっても過言ではありません。が、上記のような理由から、ホテル内の中国料理レストランのマネージャーやスタッフは、昨日まで西洋料理のレストランで働いていた人が、人事異動で着任していたり、定期的に人事異動があるために中国料理に定着せず、専門家が育ちにくい、という事情もあります。

3．ホテル内の中国料理レストランの料理系統が、北京料理、四川料理、上海料理、広東料理のいずれかひとつでしかないため、メニューの読み方をはじめ、他系統の料理についての知識不足が散見されます。中国は国土が広く、言語も料理も地方によって全く異なるので、こうしたことも起こりうるのです。

街中の中国料理専門レストラン

　街中にもさまざまな中国料理レストランがあります。ホテル内レストランに匹敵する、高級店の場合も珍しくありません。
　それら街中の専門レストランの特徴は、

1．各系統の中国料理レストランを経験したマネージャーが多く、専門家として確立している。

2．中国料理協会のサービス技能支部のように、人事交流や後進の指導がなされている。

3．ホテルを経験したマネージャーも多く、知識や技能をホテル外の現場でも役立てている。

しかし、街中の専門料理店には今後に向けての課題もあります。

専門家が、自身の専門分野について詳しいのは当たり前のことです。それ以外のことを勉強して、いかに自分の専門分野を広げていくか、より深く補強してゆくか。それが、中国料理専門家に求められている課題なのです。

2章　素材と調味料の特徴

　中国料理にはいくつもの特徴がありますが、大きな特徴のひとつは「素材」や「調味料」でしょう。俗に中国では「四足は机や椅子以外、二本足は親子兄弟以外何でも食べる」なんていいますが、中国料理の食材は、日本に暮らす私たちが想像もつかないほど多彩です。「中国料理」は広大な地方と民族の集合体だ、と前章でいいましたが、食材についても同じことがいえます。日本の何倍にもなる国土。山岳部もあれば海に面した地方もあります。中には砂漠さえあり、北と南では気候も大きく異なります。

　海の幸、山の幸といいますが、それぞれの土地で獲れるものも実に多彩で、それがすべて食材になるのですから、いかに幅広いかお分かりでしょう。

素材は徹底的に食べつくす！

　それぞれの土地で獲れたものを料理に使うのは万国共通ですが、特に中国料理では珍しい素材であれ、ありふれたものであれ、「捨てるところがない」といわれるほど、徹底的に利用するのが特徴です。

　たとえば、豚が一頭いたとして、肉はもちろん、皮、骨、内臓、血液に至るまで、何らかの形で調理の素材として使います。

　また、旬を重んじ、野菜・肉・魚介を問わず、新鮮さを重んじる日本とは違って、保存食品や加工食品を多用するのも中国料理ならではかもしれません。前文にも書きましたが、中国の国土は広大です。今でこそ、冷凍技術も輸送技術も発達して、内陸部でも新鮮な魚介類が手に入りますが、昔はそうはいきません。肉も魚も野菜も、

干したり、発酵させたりして保存が効くように加工し、広い国土に流通させてきたという歴史があります。

以下、主な食材についてご紹介しましょう。

【乾貨】（ガンフォ）

乾貨とは乾燥させた食品のこと。日本でも昆布、するめ、干ししいたけなどがありますが、中国料理の乾貨ははるかに多彩で、また、乾貨の存在こそが、中国料理を大きく特徴づけているといってもいいでしょう。

■山珍海味（シャンヂェンハイウェイ）

冷凍技術も輸送技術も未発達だった時代、内陸部で魚介類を口にすることは大変な労力を伴いました。沿岸部の産品を干して加工し、保存が効くようにすること、それをはるばる内陸部まで運ぶこと。また、乾燥した乾貨をおいしく「戻す」のにも、大変な技術が必要でした。

そうした理由から乾貨は高級品として扱われてきたのです。

中でも「山珍海味」と呼ばれるものは珍重され、海のものでは、

・燕窩（イェンウォ）つばめの巣
・魚翅（ユィチィ）ふかのひれ
・海参（ハイシェン）なまこ
・鮑魚（パオユイ）あわび

の４つは「四大海味（スダアハイウェイ）」とされています。

山珍とは陸産物のこと。高級なきのこ類をはじめ、動物の部位や野菜を乾燥させたものをいいます。きのこの代表的なものは、干し

しいたけ、きくらげなど。夏に虫の体からきのこが生えてくる冬虫夏草は日本でも有名でしょう。

　動物性のものでは熊の手を乾燥させた熊掌（ションヂャン）が、高級食材として知られています。

≪主な乾貨≫
[海味]
魚翅（ユィチィ）／ふかのひれ
燕窩（イエンウオ）／つばめの巣
海参（ハイシェン）／なまこ
乾鮑（ガンバオ）／干しあわび
魚肚（ユィドゥ）／魚の浮き袋
乾貝（ガンベイ）／干し貝柱
魚骨（ユィグゥ）／チョウザメの軟骨
海蜇（ハイヂョオ）／くらげ
蝦米（シヤミィ）／干しえび
乾魷魚（ガンイウユィ）／するめ
髪菜（ファツァイ）／毛髪に似た藻類の一種
[山味]
香菇（シヤングゥ）・冬菇（ドングゥ）・花菇（ホワグゥ）／干ししいたけ
木耳（ムゥアル）／乾燥きくらげ
白木耳（バイムウアル）／乾燥白きくらげ
冬虫夏草（ドンチョンシアツァオ）／冬虫夏草の乾燥品
玉蘭片（ユイランピエン）／干したけのこの一種
麺麻（メェンマア）／メンマ
乾果（ガングオ）／干した果物や木の実

【魚介類】

　中国料理では海の魚だけでなく、川や湖で獲れた魚、淡水魚も多用します。沿岸部よりむしろ内陸部のほうが広い国土なので、各地の河川や湖沼で獲れた魚も貴重な食糧なのです。中でもコイ科に属する青魚（チンユィ／日本でいう青魚とは意味が異なる）や草魚（ツァオユィ）はよく食べられる魚ですし、川で獲れる蟹も食卓に上ります。日本でも有名な「上海蟹」も淡水の蟹なのです。

　魚介類の調理法としては、姿のままと切り身で調理法が異なることが多く、まるごとの場合は「蒸（ヂョン）」「煎（ジェン）」「溜（リュウ）」などが、切り身では「炸（ヂャア）」「炒（チャオ）」の調理法がよくとられます。

≪主な魚介類≫
［淡水魚］
青魚（チンユィ）／あおうお
花鰻（ホワマン）／あかうなぎ
香魚（シヤンユィ）／あゆ
鰻（マン）／うなぎ
大閘蟹（ダアジアシエ）／淡水のかにの一種。上海蟹が代表的。
茴魚（ホェイユィ）／かわひめます
鱖魚（ゴェイユィ）／けつぎょ
鯉魚（リィユィ）／こい
白連魚（パイリエヌユィ）／はくれんコイ科
銀魚（インユィ）／しらうお類
草魚（ツァオユィ）／そうぎょ
水魚（ショエイユィ）／すっぽん
鱔魚（シヤンユィ）／たうなぎ
岩鯉（イエヌリィ）／四川特産のコイ科

泥鰍（ニィチュウ）／どじょう
鰕虎魚（シヤフゥユィ）／はぜ類
鯽魚（ジィユィ）／ふな

[海魚]
褐藍子魚（ホォランズユィ）／あいご
烏賊（ウゼイ）墨魚（モォユィ）／いか
金線魚（ジンシエンユィ）／いとより
海胆（ハイダン）／うに
蝦（シヤ）／えび
舌鰨（ショオタァ）／したびらめ
日本鬼鮋（リベンゲェイイウ）／おにおこぜ
蟹（シエ）／かに
鰈（ディエ）／かれい
鮙（ヨン）／こち
斑鰶（バンジィ）／このしろ
鮫魚（ジャオユィ）／さめ
藍点馬鮫（ランディエンマァジヤオ）／さわら
鱸魚（ルゥユィ）／すずき
帯魚（ダイユィ）／たちうお
海馬（ハイマァ）／たつのおとしご
鱈魚（シュエユィ）／たら
飛魚（フェイユィ）／とびうお
海参（ハイシェン）／なまこ
石斑魚（シィバンユィ）／はたの類　＊広東語ではセッパンといい、
　　　　　　　　　　　　　　　　　このほうが一般によく知られる。
海鰻（ハイマン）／はも
黄條鰤（ホヮンティヤオシィ）／ひらまさ
鮃魚（ピンユィ）／ひらめ

河豚魚（ホォトゥンユィ）／ふぐ
鯔魚（ズユィ）／ぼら
竹筴魚（ヂュウツォユィ）／まあじ
真鯛（ヂェンディヤオ）／まだい

[貝・藻]

鮑魚（バオユィ）／あわび
青蛤（チンゴォ）／おきしじみ
牡蠣（ムゥリィ）／かき
昆布（クゥンブゥ）／こんぶ
紫菜（ズツァイ）／のり
文蛤（ウェンゴォ）／はまぐり
扇貝（シャンベイ）／ほたてがいの類

【肉類】

●豚

　中国では「肉」と言えば、豚肉のことを指すほど、豚肉をよく使います。羊肉も牛肉も鶏肉も食べますが、牛肉のメニューは全体の１割にも満たないでしょう。

　豚は「猪」の文字で表されます。前述のように、豚は捨てるところがなく、皮も骨も内臓も血液も食材になります。また、加工品としてはハムがあり「金華ハム」がよく知られていますが、これは浙江省金華市周辺で飼育されている「金華猪」の後ろ脚で作られるものです。

●牛

　北方地域ではあまり牛は食べませんが、四川地方、華南地方ではよく食べられています。

●羊

羊は北方でよく使われる食材です。また、イスラム教徒は宗教上の理由から豚を食べないため、それに代わって羊肉をよく用います。

●野味

フランス料理でいえば、ジビエ。野生動物のことです。中国ではカエル、蛇、ハクビシン、鳩などをさします。特に広東料理ではよく使われますが、現在は「香肉（シャンロウ）／狗（いぬ）肉」を出すことは禁じられています。

●家禽

家禽とは家畜の鳥のこと。鶏が中心ですが、アヒル、ウズラ、ガチョウ、ダチョウなども食べます。特に鶏やアヒルの姿がまるごとの料理は宴会のご馳走とされます。

≪主な肉類≫
(家畜)
猪（ヂュウ）／ぶた
牛（ニュウ）／うし
羊（ヤン）／ひつじ
馬（マァ）／うま
鹿（ルゥ）／しか
野猪（イエヂュウ）／いのしし
熊（ション）／くま
果子狸（グオズリィ）／はくびしん
狗（ゴウ）／いぬ
猴（ホウ）／さる
蛇（シエ）／へび

田鶏（ティエヌヂィ）／かえる
(家禽)
鴨子（ヤズ）／あひる
鶏（ヂィ）／にわとり
鵪鶉（アンチュン）／うずら
鵝（オ）／がちょう
鴿子（ゴォズ）／はと
鴨蛋（ヤダン）／あひるの卵
鶏蛋（ヂィダン）／にわとりの卵
鵪鶉蛋（アンチュンダン）／うずらの卵
鴿蛋（ゴォダン）／はとの卵

【野菜】

　魚介類は乾貨にすることが多い一方、野菜に関しては「不時不食」、その季節でないものは食べない、というほど、中国では旬にこだわります。その土地の新鮮な野菜を使う料理は多く、また、日本でおなじみの野菜も、元をたどれば中国からもたらされたものがたくさんあります。たとえば、白菜、大根、タケノコ。青梗菜なども最近はポピュラーになってきました。

≪主な野菜・果物類≫
(野菜類)
蘿蔔（ルオボォ）／だいこん
白菜（バイツァイ）／はくさい
蕪菁（ウチン）／かぶ
油菜（イウツァイ）／あぶらな
芥菜（ジエツァイ）／からしな
榨菜（ヂャアツァイ）／ザーサイ

葱（ツォン）／ねぎ
姜（ジヤン）／しょうが
蒜（スワン）／にんにく
韮菜（ジォウツァイ）／にら
蕃茄・番茄（ファンチエ）／トマト
茄・茄子（チエ・チエズ）／なす
胡蘿蔔（フゥルオボォ）／にんじん
青椒（チンジャオ）／ピーマン
洋葱（ヤンツォン）／たまねぎ
牛蒡（ニュウバン）／ごぼう
蚕豆（ツァンドウ）／そらまめ
生菜（ションツァイ）／レタス
菠菜（ボォツァイ）／ほうれんそう
水芹菜（ショエイチンツァイ）／せり
芹菜（チンツァイ）／セロリ
香芹菜（シヤンチンツァイ）／パセリ
露筍（ルゥスゥン）／アスパラガス
蒓菜（チュンツァイ）／じゅんさい
蓮・荷（リエン・ホォ）／はす
竹筍・竹笋（ヂュウスゥン）／たけのこ
蓮藕（リエンオウ）／れんこん
山薬（シャンヤオ）／やまいも
芋（ユイ）／さといも
馬鈴薯（マァリンシュウ）／じゃがいも
甘藷・番藷（ガンシュウ・ファンシュウ）／さつまいも
慈菇（ズグウ）／くわい
黄瓜（ホワンゴワ）／きゅうり
冬瓜（ドンゴワ）／とうがん

苦瓜（グゥゴワ）／にがうり
糸瓜（スゴワ）／へちま
南瓜（ナンゴワ）／かぼちゃ
香菇（シヤングウ）・冬菇（ドングウ）・花菇（ホワグウ）／干ししいたけ
豆芽（ドウヤ）／もやし
木耳（ムゥアル）／きくらげ
銀耳（インアル）／白きくらげ
冬虫夏草（ドンチョンシアツァオ）／とうちゅうかそう

(果物類)

橘・橘子（ジュイ・ジュイズ）／たちばな　小型のみかん
柑（ガン）／大型のみかん
葡萄（ブゥタオ）／ぶどう
山査・山査子（シャンヂァア・シャンヂャアズ）／さんざし
蘋果（ピングオ）／りんご
草苺（ツァオメイ）／いちご
梨（リィ）／なし
桃（タオ）／もも
柿（シィ）／かき
梅（メイ）／うめ
桜桃（インタオ）／さくらんぼ
李（リィ）／すもも
杏（シン）／あんず
棗（ザオ）／なつめ
枇杷（ピィパァ）／びわ
石榴（シィリュウ）／ざくろ
無花果（ウホワグオ）／いちじく
甜瓜（ティエンゴワ）／まくわうり

西瓜（シィゴワ）／すいか
羅漢果（ラーハングオ）／ラカンカ
番木瓜（ファンムゥゴワ）／パパイヤ
杧果（マングオ）／マンゴー
檸檬（ニンモン）／レモン
榴蓮（リュウリエン）／ドリアン
鳳梨（フォンリィ）／パイナップル
香蕉（シヤンジャオ）／バナナ
椰子（イエズ）／ヤシ
荔枝（リィヂィ）／ライチー
胡桃・合桃（フゥタオ・ホォタオ）／クルミ
腰果（ヤオグオ）／カシューナッツ

【卵】

　卵のことは「蛋（ダン）」といいます。料理には一般に鶏の卵が使われますが、そのほかにもアヒル、ウズラ、鳩の卵なども使われます。卵の使われ方は日本料理や西洋料理とほとんど変わりません。それ自体を炒めるのはもちろん、何かのつなぎにしたり、卵とじをしたり。また、アヒルの卵は皮蛋（ピータン）のような加工品にされます。

【豆腐】

　日本に絹ごし豆腐と木綿豆腐があるように、中国にも硬軟、2種類の豆腐があります。ただ違うことは、いずれも日本の豆腐よりも固いことです。中には「豆腐脳（ドウフゥナオ）」というやわらかな寄席豆腐のようなものもありますし、豆腐加工品としては揚げ出し豆腐、湯葉、豆腐干（ドウフゥガン）という干し豆腐、素火腿（スゥフオトイ）という豆腐で作った精進料理用のハムもあります。

【麺】

　中国は日本同様、米飯も食べますが、麺類など粉もの文化の国でもあります。「北の粉食、南の粒食」ともいわれ、北方では小麦粉を使った饅頭、餅、包子（パオヅ）、餃子などが多く、南方は粒＝米を使った料理が多いのが特徴です。

　粉食は「麺（ミェン）」とも呼ばれ、日本語のように細いそば状になったものだけでなく、穀物の粉を使った餃子や饅頭も「麺」に含まれます。

調味料を知っておこう

　料理の味を決める大きな要素のひとつが、調味料です。中国には古来、醤油や味噌などの発酵調味料があり、その多くは「醤（ヂャン）」と呼ばれています。

　また、西洋料理でいうところのスパイスやハーブも使われます。これら香辛料は「医食同源」の思想のもと、漢方薬に使用されているものも多いです。

≪主な調味料≫

糖（タン）／砂糖

塩（イエン）／塩

醤（ヂャン）／味噌に類する発酵調味料。

甜麺醤（ティエンミェンヂャン）／小麦粉を原料とした、甘みのある黒味噌。北京ダックや回鍋肉に使われる。

豆板醤（ドウバンヂャン）／そらまめと唐辛子、酒精、塩を原料とした味噌。唐辛子の辛味が加わったものは、正しくは豆板辣醤という。

醤油（ヂャンイウ）／醤油

生抽（ションチョウ）／薄口醤油

老抽（ラオチョウ）／濃口醤油

番茄醤（ファンチエンヂャン）／トマトケチャップ

蛋黄醤（ダンホゥンヂャン）／マヨネーズ。生汁（ションジ）ともいう。

ＸＯ醤（エックスオーヂャン）／店独自に作る高級ソース。香港で生まれたもの。

豆豉（ドゥチィ）／黒大豆を発酵させて干したもの。塩味と風味がある（日本では浜納豆が有名）。

醋（ツゥ）／酢

香醋（シャンツゥ）／黒酢

糟（ザオ）／酒かす

蠣油（ハオイウ）／オイスターソース

蝦油（シヤイウ）／小海老の塩辛の上澄み。

腐乳（フゥルゥ）／塩漬け豆腐の発酵品　醤豆腐（ジャンドウフゥ）ともいう。広東料理の叉焼（チャーシュウ）の下味に使うほか、おかゆに添えられることもある。

蝦醤（シャーヂャン）／エビ味噌。小エビの塩漬けを発酵させたもので、空芯菜の炒め物などに使う。

海醤（ハイヂャン）／シーソース。カニ、ホタテ、牡蠣を原料とした調味料。

麻辣醤（マアラアヂャン）／大豆味噌、花椒、唐辛子を原料とした辛味調味料。

沙茶醤（シャアチャアヂャン）／大豆油や干しエビ、ココナツパウダーを原料とした調味料。バーベキューソース。牛肉の炒めや鍋料理に用いられる。

芝麻醤（チイマアヂャン）／練りごま

香糟（シャンザオ）／酒かすに五香粉を加えたもの。

≪主な香辛料≫

辣椒（ラアジャオ）／唐辛子。さまざまな種類があるが、四川省の朝天辣椒が有名。

花椒（ホワジャオ）／山椒。舌がしびれるような独特な辛味がある。

八角（バアジャオ）／甘い香りを放つ、中国独自の香辛料。肉料理によく使われる。

桂皮（グェイピィ）／シナモンのこと。八角同様、肉料理やデザートに使われる。

丁子・丁香（ティンスー・ディンシャン）／クローブ。強く甘い香りがして、肉料理や酒の香りづけに使われる。

陳皮（チンピィ）／みかんの皮を乾燥させたもの。特有の香りがあり、苦みがある。

五香粉（ウーシャンフェン）／ういきょう、山椒、桂皮、丁子、八角、陳皮など複数の香辛料をブレンドしたもので、肉料理などに使われる。

奶油（ナイイウ）／ミルクまたはエバミルク。

Column

上海人と広東人〜魚料理の好みが違う

　同じ中国人同士であっても、上海の人と広東の人とでは、魚料理の好みが違います。香港に住む広東人は魚の中骨のまわりの身は半生の状態を好みますが、上海の人たちは骨まわりまでしっかりと火の通ったものを好みます。大きさも厚みも毎回異なる魚を、中身が見えない骨まわりの肉を半生に仕上げるのですから、それには技術を要します。香港の調理場には蒸し魚専門の「蒸し師」がいて、魚の種類や大小に応じて時間や火力を調整して、料理を仕上げるのです。

張騫（チョウケン）ものについて

　前漢の武帝が張騫という人物を西域に派遣したところ、彼がかの地から持ち帰り、中国にもたらしたとされる食品のことを、「張騫もの」といいます。具体的には葡萄（ぶどう）、柘榴（ざくろ）、無花果（いちじく）などですが、他にも胡の文字のつくもの、胡麻（ごま）、胡桃（くるみ）、胡瓜（きゅうり）などがありました。漢の時代、「胡」の文字はペルシャを意味していましたが、五胡十六国時代にはすべての遊牧民族を総称して「胡」と呼ぶようになりました。時代によって「胡」の示す範囲は変化し、唐の時代にはソグド人（現在のウズベキスタンを中心とする西トルキスタンあたりの人々）を指していたといわれています。そうした西域からもたらされたものには胡の文字がつき、それはそのまま日本にもやってきましたが、中国では遊牧民による再三の侵略を嫌って「胡」の文字を使うのをやめてしまい、

　　胡麻→芝麻　　　胡瓜→黄瓜　　　胡桃→合桃

と変えてしまって現在に至っています。

マネジメント編

3章　調理法を知る

　煮る、焼く、揚げる、蒸すなど、さまざまな調理法があるのは、中国料理だけに限った話ではありません。しかし、同じ炒める場合でも、火の強さや油の量、調理時間の長短などによって、それぞれ呼び名が異なり、より繊細に区別されているのが中国料理の大きな特徴といえるでしょう。

中国料理の調理法

■加熱するのが基本
　かつては膾(ナマス)のように、生の魚介などを食べることもあったといいますが、現在は衛生面での配慮もあり、ほとんどの料理で加熱されています。（広東料理の鳳城鮮魚滑やサラダなどを除く）中国料理は火力が命、などといいますが、一般家庭では得られないような強い火力で瞬時に火を通す技法もあれば、ごく小さな炎で沸騰させないように何時間も煮込むという調理法もあります。中国料理のメニューは素材の名前と調理法を組み合わせて表記することが多いので、基本的な調理法を覚えておくことも大切です。

■下ごしらえが味を決める
　食材を適切な大きさに切った後、下味をつけたり、湯通しや油通しなどの下処理を行うのが、中国料理の大きな特徴です。素材の特徴や調理法に合わせて、うまみを凝縮させたり、素材の中に閉じ込めたり、滑らかな食感や豊かな光沢が生まれるのも、こうした下ごしらえがあればこそ、なのです。

■あらゆる料理に油を使う

　揚げ物、炒め物はもちろん、煮物や蒸し物など、さっぱりした料理であっても、何かしら油を使うことが多いのも特徴的です。なぜそれほどまでに油を使うのか、理由はいくつか考えられますが、いずれもうまみや栄養分を素材に閉じ込め、厳しい大陸性の気候の中で生きていくためのエネルギーの源になったのではないか、と考えられています。

■複合調理が多い

　複合調理とは、炒めてから煮たり、揚げたものに煮込んだあんをかけたりと、複数の調理方法を重ねることをいいます。特に中国料理では、炒めた材料をあんでからめたり（あんがらめ）、汁をくずびきするなどしてとろみをつけて仕上げる料理が多くあります。とろみをつけることで冷めにくくなることや、水分と油分が分離せず、融合しやすいから、という理由が考えられます。

主な調理法を知る

切り方

　包丁の使い方しだいでいろいろな形に仕上がりますが、基本は「片」「絲」「丁」「条」「塊」の5種類です。

・片（ピエン）／薄切り、平たい形。
・絲（スー）／細切り、せん切り。
・丁（ディン）／さいのめ切り、さいころ切り。
・条（ティヤオ）／拍子木切り、細長い棒状。
・塊（コワイ）／ぶつ切り、乱切り、大きい角切り。
・段（ドワン）／細いものをぶつ切りにした形。
・粒（リイ）／丁よりも小さい切り方によるもので、米粒大。

- 末（モオ）／粒よりも小さい切り方によるもので、ごま粒大。
- 扇子（シャンズ）／扇子の形。
- 象眼（シャンイエン）／菱形。
- 花（ホワ）／みじん切り、飾り切り。

調理名

油を熱することによる調理

- 炒（チャオ）／炒める。
- 爆（バオ）／ごく高温の油で手早く炒める。
- 煸（ビエン）／少量の油でカラカラに炒める。
- 煎（ジエン）／油をひいた鍋で焼きつける。
- 炸（ヂャア）／油で揚げる。
- 鍋貼（グオティエ）／片面を油焼きして焼き目をつける蒸し焼き。

「炒」と「炸」は種類が多いので代表的なものを記すと、

生炒（ションチャオ）　生の材料を短時間で炒めトロミをつけずにみずみずしさを残す。
干炒（ガンチャオ）　材料を水分が無くなるまでじっくり炒める。
滑炒（ホウチャオ）　油通しした材料をトロミをつけた調味料で炒める。
熟炒（シュウチャオ）　茹でた材料を短時間で炒める。
清炸（チンヂャア）　衣をつけずに素揚げする。
酥炸（スゥヂャア）　衣をつけてサクサクした食感に揚げる。
油浸（ユージン）　高温の油に材料を入れた鍋ごと火から離して余熱で揚げる。
油淋（ユーリン）　材料に油を廻しがけしながら揚げる。

水を熱することによる調理

- 煮（ヂュウ）／多量の湯やスープの中で煮る。
- 汆（ツョワン）／強火でさっとゆがく。
- 焼（シャオ）／一度炒めたり揚げたりした材料に味をふくませるように煮る。

- 燜（メン）／蓋をして弱火で煮ふくめる。
- 煨（ウェイ）／たね火ほどの弱火で長く煮込む。
- 烹（ポン）／強火でさっと炒めたところに調味料を入れ、いっきに煮あげる。
- 滷（ルウ）／香料や葱、生姜等の入った濃いめの煮汁で煮しめる。
- 醤（ヂャン）／味噌漬け、醤油漬けの場合と醤油味で辛く煮しめる場合がある。
- 涮（ショワン）／しゃぶしゃぶ料理の煮えたぎった卓上鍋の湯に、薄切りの肉などを箸ですすぐようにゆがく。

蒸気による料理
- 蒸（ヂョン）／蒸籠（せいろ）を使って蒸す。
- 燉（ドゥン）／器に材料とスープを入れ、器ごと蒸して火を通す。弱火で煮込む場合にこの文字を使う場合もある。

直火で焼く、または熱せられた気体による調理
- 烤（カオ）／直火であぶり焼く。オーブンでこんがり焼く。
- 燻（シュン）／煙をこもらせた中でいぶし焼く。
- 焗（ジュイ）／密閉した中で蒸し焼き、または蒸し煮もある。

加熱以外の調理法
- 溜（リュウ）／揚げた材料などにくずびきしたあんをからめる。
- 拌（バン）／あわせ調味料などで材料を和える。
- 熗（チヤン）／さっと火を通した材料に調味料を注ぎかけたり、あわせ調味料を煮立ててかけ、味をしみさせる和えもの。
- 凍（ドン）／煮こごり状、ゼリー状に固めた寄せもの。
- 抜絲（バァスー）／あめがらめ、揚げた材料に熱い糸をひくあめをからめる。
- 醃（イエン）／漬ける。
- 風干（フォンガン）／風干しにして乾かす。

マネジメント編

メニューを理解するには

中国料理では、メニューのことを「菜単」といいます。やたらと漢字が並んでいて、一見、難解に思えるかもしれませんが、代表的な中国料理の名前には一定の法則があることが多く、素材の名前や調理法を知っていれば、むしろ理解しやすいかもしれません。

基本的な名前のパターンをご紹介しましょう。

●素材＋素材

　青椒肉絲（チンジャオロースー）

　青椒はピーマンのこと。肉絲は豚肉の細切り。どちらも材料です。

●調理法＋素材

　炸鶏腿（ジャアヂィトエイ）

　鶏腿肉の揚げ物です。炸は揚げる、鶏腿は文字通り、鶏のもも肉のことです。

●調味＋材料

　糖醋鯉魚（タンツゥリィユィ）

　鯉魚は淡水魚の鯉のこと。糖醋とは甘酢のこと。鯉の丸揚げの甘酢あんかけというわけです。

●調味＋調理法＋素材

　より詳しい料理名です。

　醤爆鶏丁（ヂャンバオヂィティエン）

　醤＝味噌、爆＝強火で炒めること、鶏丁＝さいの目切りにした鶏肉。鶏肉の味噌味強火炒め。この場合、調味の情報が調理法よりも前に来るという原則があります。

3章　調理法を知る

●素材＋調理器具名／調理器具＋素材名

　特徴的な料理の場合、調理器具の名前を組み込むことでどんな料理かわかりやすくなります。

　什錦火鍋（シィジンフオグオ）

　五目寄せ鍋ですが、火鍋＝煙突のついた鍋、が組み込まれることで、より、どんな料理かイメージしやすくなります。

　その他にも
●地名を付けたもの　北京烤鴨（北京ダック）など。
●人名になぞらえたもの　麻婆豆腐（マァボォドウファ）など。麻はあばたのことで、あばた顔のおばさんの豆腐料理、という意味。
●数字をつける　八宝菜（バァバォツァイ）など。
●外来語に漢字を充てる　布丁（ブゥディン）＝プディング　など。

中国料理の調理道具

　中国には中国の調理道具があります。特に違うのは鍋と包丁です。ここではおおまかに、その特徴をご紹介します。

■包丁

　中国の古典『荘子』によれば、料理人の庖丁（ホウテイ）さんが、梁国の恵王に、牛を解体する作業を披露しました。その際、王様に「良い料理人は一年に一度、刃物を取り換えます。刃がこぼれるからです。普通の料理人は月に一度、取り換えます。刃を折ってしまうからです。私の刃物は19年使っていますが、今もその刃は砥ぎたてのようです。というのも、刃物を牛の骨に当てないように解体するからです。私も最初は牛を牛として見ていました。しかし鍛錬を積んで3年が経ったころ、牛の骨と肉が見えるようになりまし

39

た。さらに修練を重ねると、自然に牛を見なくても解体できるようになったのです」と語りました。

　この話を知った梁の国の人々は、料理人の使う刃物のことを、彼の名をとって「庖丁（ホウテイ）」と呼ぶようになりました。

　中国包丁は、すべて同じような形に見えます。しかし、使う目的・用途によって、刃の薄いものから厚いものまで各種あり、
・軟らかい野菜や肉、魚用
・殻付きのエビや骨付き肉、魚用
・さらに硬い牛や豚の軟骨、スッポンなどの食材用
・北京ダック専用
・骨切り専用
など細かく分かれています。

　また、刃のない包丁もあります。点心師の使う「拍皮刀（パイピーダオ）」がそれです。

■鍋

　鍋にももちろん、いろいろありますが、特徴的なのは北京鍋と上海鍋、広東鍋でしょう。

●北京鍋

　北京鍋とは、片手鍋のことです。北京料理を代表する調理法のひとつに「爆（バオ）」があります。これは強力な炎で一気に炒め上

北京鍋

げる手法です。厨房の様子が見える料理店だと、料理人が激しく鍋を振って、食材を煽り上げているのを見たことがあるかもしれません。鍋を火にかけたまま、お玉でかき混ぜても炒めることはできそうなのに、なぜあのようなことをするのか。実は食材を煽り、持ち上げることで下からだけでなく、上下左右からも熱が加わるようにしているのです。

● 上海鍋

上海鍋は耳鍋（アルグゥオ）といって、両手鍋のことです。上海料理を代表する調理法、「紅焼（ホンシャオ）」とは、煮込むことを指しますが、両手鍋はそれに適した形状なのです。

昔、現在のようにガスが使われていなかったころは、火力が鍋に均等に当たらず、ムラがありました。そのため、鍋の位置を動かして（回して）、まんべんなく火が回るようにせねばなりませんでした。そのため、手前が向こう側に回っても扱えるように、両手になっているというわけです。

両手鍋は持ち手が小さいので、中身が重たい時には工夫がいります。火からおろす際などは、耳（持ち手）にお玉をひっかけて鍋を引き上げたりします。

上海料理の特徴は、昔は高価だった砂糖を使って甘いあんをつくり、絡めて出すこと。高いお砂糖が使えることが、もてなす側の自慢でもあり、絶妙な甘さ加減ができるのが、一流の料理人とされました。あんをまとめるのには片栗粉を使うため、厨房では片栗粉の減り具合で、その日の売り上げが予想できたほどだといいます。

上海鍋

●広東鍋

広東鍋は上海鍋同様、両手（耳鍋）ですが、上海鍋よりもひとまわり大きいものを使います。また、北京・四川・上海では炒め物にもお玉を使いますが、広東ではヘラを使います。砂糖や塩などの調味料も、ヘラで器用にすくい上げて鍋へと運びます。上海鍋は鍋底に焦げたものがへばりつきますが、広東鍋は使うたびにササラでざっと洗い流し、同じ鍋を即座に何度でも使えるようにしています。野菜も油通しするのではなく、お湯に少し油をたらしたものにくぐらせて下処理します。

他の地方の料理では、鍋をつかむのに、大きなダスター（ふきん）をたたんで使いますが、広東料理では手の平に収まるほどのハンカチサイズのダスターで、感心するような持ち方で器用に鍋を扱います。なお、ヘラを主に使いますが、お玉も調理場にはあります。

広東鍋

4章　飲み物を知る

　おいしい料理の並ぶ食卓に、飲み物は欠かせません。それは中国料理に限らず、どこの食文化においても同じでしょう。お茶に関しては、ウーロン茶がすっかりおなじみになり、自動販売機やコンビニ、売店でも手に入るようになりました。一方、中国のお酒はどうでしょうか？

　日本は小さな国ですが、日本酒にも豊富に種類があり、焼酎まで含めると、どれだけの銘柄があるかわかりません。中国はあれほど広大な国土を持つ国ですから、もちろんお酒の種類も豊富にあります。

中国酒

　中国で作られているお酒は大別すると、

　白酒（バイヂュウ）
　黄酒（ホワンヂュウ）
　葡萄酒・果酒（プータオヂュウ・グオヂュウ）
　啤酒（ピイヂュウ）
　配製酒・薬酒（ペイヂィヂュウ・ヤオヂュウ）

の5種類があります。

●白酒（バイヂュウ）

　大麦や高粱（こうりゃん＝モロコシ。イネ科の1年草）、トウモロコシ、黍（きび）などの穀類を原料に、長期熟成させて作られる蒸留酒。無色透明で酒精度は50度以上。

　白酒の飲み方：日本ではストレートやオンザロックで飲まれるこ

とが多いようです。強いお酒なのでチェイサー（口直しの水）を添えてサービスします。代表銘柄　汾・芽台酒・高梁酒

● 黄酒（ホワンヂュウ）
　もち米、黍（きび）などの穀類を原料とした醸造酒。原料の糖化に麹などを使う。日本でも広く知られている紹興酒は黄酒の一種で、紹興酒とは浙江省紹興市で造られる黄酒のみを指します。
　また、老酒（ラオヂュウ）とは、長期熟成させた黄酒のことをいいます。
　黄酒の飲み方：冷やしても良いですが、常温、または温めて飲みます。代表銘柄　紹興酒・陳年封缸酒・福建老酒・糯米酒

● 葡萄酒・果酒（プータオヂュウ・グオヂュウ）
　果実を原料とした醸造酒。主にブドウから作るワインが多いが、リンゴのお酒もあります。代表銘柄　玫瑰香紅葡萄酒

● 啤酒（ピイヂュウ）
　ビールのこと。漢字は当て字。大麦を主原料に麦芽で糖化させ、ホップを加えて発酵させたもの。大都市を中心に、中国各地で生産されています。代表銘柄　青島啤酒・珠江啤酒

● 薬酒（ヤオヂュウ）
　漢方薬や果実、花などを配合した酒で、それぞれ配合したものによって色・香り・味に特徴が現れます。薬効があるとされるものもあります。代表銘柄　竹葉青酒・五加皮酒・玫瑰露酒・蛤蚧酒・三蛇酒

ワイン

　中国国内で生産されるものも含め、近年は中国料理店でもワインを揃える店が増えてきました。年年歳歳、中国料理専門店でも、ワインの需要は高まっているようです。中にはソムリエのいる店もあるほどで、中国料理店のサービススタッフも、ワインについて一通りの知識は持っておく必要があるでしょう。

●ステイルワイン（非発泡性ワイン・一般的なワインのこと）

　ブドウ果汁を発酵させ、炭酸ガスを含まない状態のもの。ガス圧が１気圧以下のものを指します。赤・白・ロゼ問わず、甘口から辛口まで幅広い。

●スパークリングワイン（発泡性ワイン）

　ガス圧３気圧以上のワインをいいます。１気圧以上、３気圧未満のものは弱発泡性ワインといいます。有名なシャンパンはスパークリングワインの一種ですが、フランス、シャンパーニュ地方で造られたもののみを指す名称です。

●フォーティファイドワイン（酒精強化ワイン）

　アルコール度数40度以上のブランデーなどを添加して作るワイン。アルコール度数を16度〜20度まで引き上げ、深い味わいと保存性に優れます。シェリー、ポートなどがあります。

●フレーヴァードワイン（混成ワイン）

　フレイバー、つまり香りづけがされたワイン。中国酒の配製酒や薬酒と同じで、ワインに果物や薬草、甘味料などを加え、風味づけしたもので、ヴェルモットやサングリアなどが知られています。

別の分類法としては原料となるブドウの品種による分け方があります。ブドウの品種は実に多彩ですが、大別すると、

●ヨーロッパ系のブドウ
　ジャルドネ、ソーヴィニョンブラン、リースリング、カベルネ・ソーヴィニョン、メルロー、ピノ・ノワールなど。

●北米系ブドウ
　イザベラ、ナイアガラ、キャンベルアーリー、コンコードなど。

●赤ワイン用のブドウ
　果皮に色素やタンニン（ポリフェノール）を多く含む品種で、果皮ごと果汁を絞って発酵させるため、独特の色素、渋みがあります。カベルネ・ソーヴィニョンやピノ・ノワール、メルローなど。

●白ワイン用のブドウ
　主に緑色や黄色の白ブドウです。シャルドネ、リースリング、ソーヴィニョンブラン、ミュスカデなどが代表的です。

　ワインのサービスのしかたは、西洋料理と変わりません。基本は、

・白ワインから赤ワインへ
・辛口から甘口へ
・軽いものから重いものへ
・若いワインから熟成ワインへ
・並みの品質から上質へ　　　　がセオリーです。

Column

中国料理とワインの歴史

　私たち日本人はワインといえば、西洋料理に取り合わせる物、という固定概念を抱きがちです。中国料理とワイン、といわれると、なんだか全く新しい、現代風な組み合わせにも思えます。

　しかし、実際のところ、中国料理とワインは古くから深いつながりがあるのです。

　そもそも、ワインは漢字で書けば「葡萄酒」。葡萄は、ご存知、フルーツのブドウなわけですが、この葡萄自体、古代ペルシャ語の「ブダウ」に当て字したものなのです。

　紀元前108年（元封3年）、匈奴（モンゴル高原を中心に活動していた騎馬民族）の侵略からシルクロードを守るため、漢の武帝は六軍（りくぐん）を派兵して、楼蘭や姑師など、匈奴の援助を受けていた都市国家を打ち破りました。その際に、西域（中央アジアから東ヨーロッパ）諸国から、植物のブドウが中国にもたらされた、という記録があります。さらに時代が下り、西暦629年（貞観3年）、唐の太宗の勅命により編纂された『北斉書』には、ワインについての記述もあります。

　有名なエピソードとしては、西暦640年（貞観14年）、太宗が突厥（とっけつ、中央ユーラシアにあった遊牧民国家）の平定に乗り出し、高昌（トルファン）を滅ぼした際、かの地からブドウの苗木を唐の都・長安の苑中に移植したことが伝えられています。同時に、トルファン式の「ブダウ酒＝葡萄酒」の製法が宮廷に伝えられ、これを太宗も好み、臣下にふるまうこともあったのだとか。

　このように、ブドウが中央アジアから中国にもたらされたのは漢代で

すが、唐代には、ワインなど、西域のお酒がもてはやされていたことが分かっています。

当時からワインには銘柄があったようで、赤ワインには「奄摩勒（エンマロク）」「毗梨勒（ビリロク）」「訶梨勒（カリロク）」など、白ワインには「翠濤（スイトー）」などがありました。

唐の詩人、王翰の『涼州詞』にこんな一節があります。

葡萄の美酒　夜光の杯
飲まんと欲すれば　琵琶　馬上に催す
酔うて沙上に臥す　君笑うことなかれ
古来征戦　幾人か回る

「葡萄酒」、「夜光杯」、「琵琶」は、いずれも西域地方の産物を表しています。

当時の長安の都は人口百万の国際都市でした。かつて私が故宮博物院で見た長安の風景絵巻には、街中をラクダの隊商が往来する様子や、ペルシャ人かアラビア人か、異国人の姿も描かれていました。

ワインに限らず、シルクロードをたどって西域から伝来する文物は、長安の社会に西域趣味のトレンドを巻き起こしました。

美しい胡姫（東ヨーロッパや中央アジアの女性）をはべらせ、西域の音楽や舞踏を観賞しながら、おいしい料理と共にワインを傾ける。これこそが貴族や富裕層を始め、文人墨客の楽しみでもあったのです。

時を超えた現在、中国料理とワインの歴史を念頭に置いておけば、なおいっそう、中国料理を楽しめるのではないでしょうか。

中国茶

　ウーロン茶＝中国茶と思われがちですが、実際、その種類は膨大にあります。ちなみにウーロン茶は青茶（チンチャ）に分類されますが、青茶だけでも100種類あるのです。
　中国茶の種類は色の名前で分けられています。これは発酵（酸化）の度合いによって6種類に分類されます。

●緑茶（ルゥチャ）
　最も多く生産されていて、一般的に飲まれているお茶です。日本茶のように茶葉を蒸すのではなく、釜入りして作ります。発酵が進む前に加熱してしまうため、不発酵茶となります。そのため、茶葉のフレッシュな香りが楽しめるお茶です。
　西湖龍井（シィフウロンジン）　黄山毛峰（ホワンシャンマオフォン）などが有名です。

●青茶（チンチャ）
　発酵を途中で止めた「半発酵茶」ですが、どの程度で発酵を止めたかによって種類は幅広くあります。ウーロン茶が代表的で、福建省、広東省、台湾などで生産されています。香り高く、工夫茶（中国式の茶道）が発達しました。
　東方美人（トンファンメイレン）　凍頂烏龍茶（トンティンウーロンチャ）などが有名です。

●白茶（パイチャ）
　ごくわずかに発酵させた「弱発酵茶」。福建省で生産されていますが、生産量が少なく、貴重なお茶です。白毫銀針（パイハオインシン）　白牡丹（パイムータン）などが有名です。

●黄茶（ホワンチャ）

　唐の時代からあるという、入手困難な貴重なお茶です。緑茶に近い味わいの弱後発酵茶です。後発酵茶とは、加熱により茶葉の発酵を止めた後、揉捻（じゅうねん）などの工程を経たのちに、微生物により発酵させるお茶をいいます。

●紅茶（ホンチャ）

　中国の紅茶は完全発酵茶（または全発酵茶）です。16世紀ごろから福建省で生産されていましたが、のちに主力産地はスリランカやインドに移り、中国茶のイメージは薄れていきましたが、今も祁門紅茶（キーマンホンチャ）などの品種があります。

●黒茶（ヘイチャ）

　ダイエット茶として知られる普洱茶（プーアルチャ）を代表とする、後発酵茶です。香港では日常的に飲むお茶として愛飲されています。
　雲南普洱茶（ウンナンプゥアルチャ）や四川辺茶（スゥチュワンッピェヌチャ）などがあります。

●花茶（ホワチャ）

　花茶は上記の6大茶とは別のものですが、花などを乾燥させたものを茶葉に混ぜ、香りを移したもので、ジャスミン茶がこれにあたります。主なものに、
・桂花（キンモクセイ）
・茉莉（ジャスミン）
・蘭（白蘭・珠蘭、玉蘭など）
・梔子（クチナシ）
・柚子（ユズ）
などがあります。

5章　宴会料理とマナー

　サービススタッフとしてサービスを学ぶ前に、中国料理の宴会料理の基礎とマナーを知っておく必要があります。マナーといっても、基本的な考え方は「共に食事する人々に不愉快な思いをさせないこと」「楽しく食事するための配慮」のこと。その意味では、マナーは中国料理だけのものではなく、西洋料理でも和食でも、細部は違っても基本精神は同じです。

　また、中国料理の精神として特徴的なのが「もてなしの心」です。中国人は、人をもてなすことについて非常に厳しい価値観を持っており、背景となっているのは礼を重んじる儒教の精神なのです。

宴会の構成を知る

　中国料理は地方によって内容は異なりますが、基本となる宴会の構成というものはあります。ここでは、基本的な宴席メニューの流れを理解しておきましょう。

■宴会料理の特徴

　西洋の宴会料理、つまりコースの仕立てと、中国料理のそれとの一番の違いは何でしょうか。

　最も特徴的なのは、西洋料理が魚料理、肉料理…と素材ごとに料理を編成するのに対して、中国料理では、焼く、煮る、揚げる、蒸す…と、調理法が主体となって構成されることです。また、中国料理は、西洋料理のように、前菜、スープ、魚料理、肉料理…と、提供する順番が厳しく決まっているわけではありません。

　宴会の内容によっては、途中で気分を変えるために、点心やスー

プが途中に入ることもあります。

■味・調理方法・素材で変化を
　中国料理のコースメニューは、おおまかに、
・冷菜（ロンツァイ）＝冷たい物（前菜）
・熱菜（ルウツァイ）＝温かい物（メイン料理）
・スープ、点心
となります。メイン料理の中で、味、調理法、素材に変化をつけて数種類を盛り込むのが一般的です。

■中国人の色彩感覚
　日本人は器の中に四季を表現しようとします。ひとつの料理を一色で統一することはまずなく、そうなりそうな時には、木の芽やネギを散らすなどして、「差し色」を添えます。
　一方、中国料理では、コース全体を見渡して色彩を考えます。
　赤い料理、白い料理、緑の料理…と、次々と異なる色彩の皿が運ばれてきて、食欲をそそります。
　豊かな色彩で目に訴え、おもてなしをするという精神は変わりませんが、彩りについての考え方は異なります。

■食欲を増進する構成に
　これは中国料理に限った話ではないかもしれませんが、全般に軽めの料理から次第に重い料理へと配列することも大切です。決まりがあるわけではありませんが、最初のうちにボリューム感のある物を出してしまうと、早々に満腹になってしまい、後半の料理が入りにくくなります。また、あっさりした物の後にはこってりした物、汁気の少ない物の後には汁気が欲しくなるなど、食べる人の生理欲求を意識した順番にすることもポイントです。

冷菜（前菜）

　中国料理の前菜が他と違うのは、続いてメイン料理が運ばれてきても、下げることがない、という点です。前菜というと、最初に食べる物というイメージですが、中国料理の冷菜はスープが出るまでテーブルにあってよい物。いつ箸をつけてもよい物なのです。料理と料理の間が開く場合、ちょっと口の中を変えたい時などに役に立ちます。

　冷菜は大皿に複数の料理を盛り合わせる場合と、小皿を4、6、8皿…と、並べる様式もあります。また、おめでたい席などでは、大皿に料理を使って鳳凰やクジャクを描き、その周りに種類の異なる冷菜の小皿が囲むこともあります。

　中国人は偶数を好むため、小皿は4種類が基本。あるいは8種類、10種類となることもあります。いずれにせよ、素材、味付け、調理法が重ならないように配慮します。また、冷菜の内容は地方によっても異なることが多いため、冷菜でその地方らしさを演出することもできます。

　例：名産品を使ったカニ料理
　　　焼き物の技術が卓越した広東料理では焼き物中心の冷菜。
　　　「椒麻」（ジャオマー）「麻辣」（マーラー）「紅油」（ホンイウ）「豆瓣」（トウバン）など異なる辛さのタレを複数添える。四川地方など。

熱菜（メイン料理）

　中国料理のメイン料理では、出される品数は決まっていません。前述のとおり、中国料理では素材で区分せず、調理法で変化をつけます。

●頭菜（トウツァイ）

冷菜が終わり、熱菜の一番最初の皿が運ばれます。これが頭菜です。少し前まで、中国ではこの頭菜の内容によって、宴会の格付けがされていたほど重要なポジションを占めるものとされていました。

最上級はつばめの巣（燕窩席）、次がフカヒレ（魚翅席）、次がなまこ（海参席）という具合です。

このような「四大海味」を使った料理を最初に出すのは、
・後になればなるほど満腹感がおそってきて、お腹に入りづらくなること。
・お酒が進んで、出された料理の印象が薄れること。
・中座している人がいるかもしれない。
という理由によるものです。

なので、頭菜は残さず食べるのが礼儀であり、また、頭菜が終わるまでは中座しないのが、招いてくださった方へのマナーとなります。

●頭菜以降のメイン料理

頭菜以降のメイン料理は、品数に決まりはありません。が、前に説明したとおり、軽いものから重いものへ、というセオリーは変わりません。そのため、一般的に海老や貝などあっさりした海鮮素材は先に、こってりした肉料理は後になる傾向にあります。味付けや素材が重ならないように配慮され、たとえば比較的あっさりとした野菜中心の料理は、一番味の濃い料理の後に持ってきたりもします。そのほうがおいしく感じられるからです。

また、魚などの姿のままに調理した豪華な料理を、メイン料理の後に持ってくることがあります。これは招いた側の余裕を示す演出で、「出し切ったわけではありませんよ。まだまだ、余裕がありますよ」という意味。魚の発音（ユィ）が余裕の余（ユィ）に似ていることも関係しているといわれています。

スープ（湯＝タン）

　中国料理のスープは「湯（タン）」といいますが、これには澄んだスープの「清湯（チンタン）」と、とろみのついた「羹（ゴン）」の２種類があります。

　スープはそれまで食べてきた濃厚な料理の後で、口の中をさっぱりさせる役割を持ちます。もしも献立の中で２回、スープが出される予定ならば、後に出されるものをさっぱりとした「清湯」であるようにします。

　中国のスープのだしは、鶏が中心ですが、豚の骨を一緒に使う場合もありますし、広東では赤身の豚肉や中国ハムでだしをとることがあります。

●スープがわりの鍋料理

　中国料理はそれぞれの地方によって特色があり、鍋料理も豊富です。スープの代わりに鍋料理を出すことも可能ですが、鍋料理は全般にボリュームがあり、それだけで満腹になってしまいがちです。そのため、鍋料理をコースに組み込む際は、冷菜を少なめに、炒め物や揚げ物などを３、４品と控えめにしてメインの鍋料理へと進むようにします。

　鍋料理の代表的なものには、しゃぶしゃぶ、寄せ鍋、蒸しスープなどがあります。

ご飯もの・麺もの

　ホテルの中国料理宴会コースでは、麺やご飯料理がメニューに記載されていないことがありますが、広東料理店では、炒飯や焼きそばを組み込む場合が多くあります。

また、もしもコースに組み込まれていなくても、ご飯はお客様から要望があれば、提供するようにします。
　宴会メニューの場合、麺やご飯ものは組み込まれない場合もあります。それはお店の規模や宴会の性格によって決められます。
　一般的な宴会では、炒飯や焼きそば、汁そばなどが小さい器で出されることもありますし、四川料理では辛いものが多いため、口直しのために麺料理がメイン料理の途中で出されることがあります。広東料理でも品数が多い宴会の場合は、途中で麺やご飯が出ることがあります。

点心

　点心という言葉は知っていても、本来の意味や由来を知らない人は多いのではないでしょうか。
　点心とは、心を点じる。つまり、一通り宴席料理を味わった後で、ここにこのメンバーが一堂に会することができたことへの感謝の気持ちをもう一度、かみしめましょう、という意味なのです。
　点心には大きく分けて「甘い点心」と「甘くない点心」があります。

●甘い点心（甜点心＝ティエンディエンシン）
　一般的に月餅や羊羹などの菓子、食後のデザートのこと。コースの中で、甘い点心は必ず出されます。

●甘くない点心（鹹点心＝シェンディエンシン）
　春巻き、焼売、餃子などの軽くつまめる食べ物のこと。

　一般に、コースの中ではスープの後に、まず甘くない点心が、次

いで、甘い点心が出されます（両方一緒に出される場合もある）。品数は少なくとも2品ずつ、規模の大きな宴会では4種類ずつ出されることもあります。

Column

甜点心（ティエンディエンシン）

　中国料理には甜菜というものがあります。これは西洋料理でいえばデザートに相当。おなじみの「杏仁豆腐」がそれです。日本ではあまりなじみはないかもしれませんが、代表的なものに「核桃酪（ホオタオラオ）」（くるみあんのお汁粉）や「冰糖銀耳（ビンタンインアル）」（白きくらげの蒸したもの）などがあります。

　これらの甜菜は、最近では甜点心のように、料理の最後に出されることが多くなりましたが、本来は料理の途中に出されるものでした。また、甜菜は必ずメニューに記載されますが、点心はただ「点心」とだけ書かれ、内容までは記さないのが一般的です。（一部の宮廷料理店など高級店では、ちょっとした甜点心＝羊羹や練り切りなど、が冷菜と共に出されることがあります。これは清朝末期の権力者、西太后がことのほか甜点心好きだったことに由来します。）

　日本ではデザートといえば、プリンやババロア、ゼリーなど、比較的冷たいものが多いのですが、中国人は基本的にあまり冷たい物は好みません。そのため、甜点心でも桃饅頭、あんまんなど、温かいものが多いのが特徴です。また、香港ではマンゴープリンやババロア、タピオカ入りココナツミルクなどがよく出されますが、これは外来のもので、歴史的な中国料理ではありません。

中国料理のマナー

　箸を使うのは日本料理と同じ。そして最近では、中国料理店でもナイフやフォーク、スプーンが使われるようになってきました。
　基本的な食卓でのマナーは、西洋料理や日本料理と変わりません。
・椅子には深く腰掛ける。
・テーブルに肘をつかない。
・口の中に食べ物が入った状態でしゃべらない。
・ナプキンを衿やボタンの間、ズボンのウエストなどに挟まない。
・箸やフォークなどのカトラリーを落とした時は、自分では拾わずにサービススタッフを呼ぶ。
・箸をなめたり、人を指し示したり、箸で器を引き寄せたりしない。
などのマナーは同じと心得ておきましょう。
　その上で、中国料理ならではのマナーについても、確認しておきましょう。

●集餐と分餐
　大勢で集まって、大皿から料理を取り分けて食べるスタイルを「集餐」、一人分ずつ皿に盛り分けて提供するスタイルを「分餐」といいます。
　中国のもてなしの精神の背景にあるのは儒教だと紹介しましたが、その食卓作法は常に礼儀・礼節を重んじるものです。
1．食事は「礼」を重んじながら楽しむものである。
2．席次が重要視され、厳密に決められる。
3．会話も食事である。
4．自分の食べる量を知る。
5．料理は熱いうちに食べる。
という基本の考え方があります。

5章　宴会料理とマナー

　こうした考え方を踏まえた上で、中国料理独自のマナーについて、いくつかトピックスをご紹介しましょう。

●会話中・食事中のハンドサイン

　口の中に食べ物が入っていたり、また、誰かと会話している最中に、サービススタッフが取り分けた料理を出してくれたり、飲み物やお茶を注いでくれた時などは、軽くこぶしをつくり、2本の指でテーブルを3回ノックするのが「ありがとう」の意味になります。中国では跪礼といって、両膝を折って敬意を表するという仕草がありますが、手指を跪礼に見立てての仕草です。最近ではノックを2回にしたり、指1本で行う人を見かけますが、正しくは3回です。

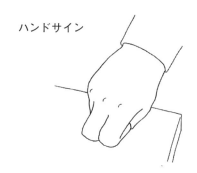

ハンドサイン

●お茶のポット〜お湯が切れたら

　中国料理の食卓では、お茶のポットはそのままテーブルの上に置かれます。中身がなくなった時は、ポットの蓋を裏返しにして乗せておくのが、スタッフに知らせる合図です。

●お茶のポット〜置く時の向き

　ポットの注ぎ口を人に向けてはいけない、というのが中国でのマナー。人に向けると口と口が合って口喧嘩になる、として昔から禁忌（タブー）でした。

●料理に箸をつけるのは主賓から

宴会の主賓が箸をつけるまで、参列者は待つのがマナーです。また、親しい間柄の宴席であっても、人生の先輩である一番年上の列席者が箸をつけるまで、他の人は食べないのがマナーです。

●麺類はすすらない！　器は持たない！

箸を使うので日本と同じような文化だと思われるかもしれませんが、麺類を含め、音を立てて食べてはなりません。また、ご飯の器以外はすべて、テーブルの上に置いていただきます。

●大皿は持ち上げない

大皿から取り分ける際、料理皿を手に持って自分の皿に取るのはマナー違反。みんなの料理なのに、独り占めするという意味になるためです。

●宴会料理はあえて少し残す

取り分けた皿に少しだけ料理を残すのがマナーです。「私はもう、十分に満足しました」という意味になり、「お腹いっぱい。ご馳走さまでした。もうこれ以上は食べきれません」との意思表示で、招いてくださった方への感謝の気持ちを示します。逆にお皿が空っぽだと、料理が足りなかった、との意味になるため、注意が必要です。

●中国では魚料理がメインディッシュ

前の中国料理の宴会の解説でも書きましたが、大菜（主菜）のしめくくりに出てくるのは魚料理。それも一尾まるごとを使った姿づくりの料理がメインディッシュとなります。その際、魚の頭を主賓または席上の最年長者に向けて一度、縦置き（頭がその人のほうへ向くように）して敬意を表するのがマナーです。

●**北京烤鴨（ペキンダック）専門店、全聚徳（チュアン・チュ・ド）**では、北京ダックの頭部を縦割りにして出します。特に香ばしく、おいしい部位とされ、一羽につき2つしかとれないため、主賓や年長者に味わっていただくのがマナーです。

●**中国料理の宴席**では、「八仙卓子」といって、方卓（四角いテーブル）円卓（丸いテーブル）を問わず、1卓は8人が基本です。偶数が好まれるため、8人でない場合でも、1卓の人数は偶数とします。

●**回転卓（ターンテーブル）は右回り＝時計回りがマナー**

いかにも中国料理らしい光景といえば、円卓にしつらえたターンテーブルですが、実はあれは、日本人が発明したもの。中国に輸出され、現在ではすっかり定着しています。このターンテーブルは右回りにするのがマナーです。

●**箸は縦に置く**

日本では持つ側を右、箸先（箸置きも）が左になるように、食べる人の正面に横向きに置きますが、中国のマナーでは、箸を横に置くのは拒否の意味。「食べたくない」という意思表示と受け取られます。そのため箸は持つ側が手前、箸先が奥になるように、食べる人の右側に置きます。スプーンやナイフがある場合は一緒に、大き目のカトラリーレストに先を乗せておきます。

●**中国の乾杯**

日本は宴会の始まりに乾杯をしますが、中国では新しい料理が運ばれてくるたびに乾杯をします。これは料理が変わるごとにお酒で口の中をすすぎ、次の料理を味わうため、とされています。

とはいえ、アルコールに弱い人、飲めない人もいます。そのよう

な場合は、一度注いで、乾杯に合わせて口元まで運び、飲む仕草をするのがマナーです。次にお酒を勧められた際には、器に軽く手をかざして「随意（ズイ）」といえば、「注がなくて結構です」と相手に伝えることができます。

また、乾杯の後、器にまだお酒が残っている状態であれば、それ以上は注げない、という意味にもなります。

● 飲み物のマナー

自分が飲みたいからといって、一人で勝手に飲むのはマナー違反です。飲みたい時は主賓や出席者に合わせて、目の高さまでグラスや器を持ち上げ、乾杯の仕草を見せるのがマナーです。また、乾杯の時にはグラスや器の中身を飲み干して、器の底を相手に見せるようにします。

Column

日本人と中国人～前菜の注文の仕方の違い

日本人は単品で前菜を注文する際、盛り合わせになったものを好む傾向にあります。例えば三拼盆（蒸し鶏・クラゲ・皮蛋の盛り合わせ）や、五拼盆（プラス醬牛肉・酸辣白菜）など、一皿に多くの種類があらかじめ乗って来れば、一度にいろいろ食べられる、というわけです。が、中国の人たちは、蒸し鶏は蒸し鶏、クラゲはクラゲ、皮蛋は皮蛋と、別々の皿で注文します。皿数は常に偶数にそろえ、豪華にたくさんの皿が並ぶようにしておもてなしするのです。

Column

箸の歴史

　「箸」という漢字が歴史に登場するのは漢の時代。司馬遷の歴史書『史記』に出てきます。殷王朝の最後、紂王（ちゅうおう）の時代、其子（きし）という賢者が「彼、象箸（ぞうちょ）を為（つく）る。必ずや玉桮（ぎょくはい）を為（つく）らん」（王様が象牙の箸を作った。次はそれに見合うヒスイや水晶などの宝石でお碗を作らせるだろう」（そんなに贅沢をしていたら、やがて国を滅ぼすだろう）と予言したのが最初だとされています。

　「箸」という文字はそのまま日本へ伝来し、現在でも使われていますが、中国では明の時代、江南の船頭たちが「箸（ツゥ）」の発音が「滞る」と同じであるため、縁起を担いで、反意語の「快（クァイ）」を当て字するようになりました。当時の箸は竹製のものが多かったことから、「快」の字に竹かんむりをつけて「筷」とし、現在では「筷子（クァイズー）」となりました。

　また、中国では箸は縦に置く、と紹介しました。ではなぜ、日本では横置きなのでしょう。日本では寺院仏閣を訪れると、本堂に進む前に山門があります。山門の下にはまたぐための柱が横に寝かせてあります。これを結界棒といって、俗世間と神仏の領域を隔てる境界線を意味しています。日本では古来、食べ物は神様や自然界からの贈り物と考えられてきました。尊いものとして敬い、人間界との結界の意味で、箸をそれに見立て、横に置くとされています。

マネジメント編

6章　料理の盛り付けと演出

　お客様に気持ちよく食事を楽しんでいただくには、料理の味やサービスはもちろん、盛り付けや見栄えにも大きなポイントがあります。見て楽しい、おいしいと実感できるための工夫も、大きな意味において、サービスの一環と考えるべきでしょう。

おいしい！と思うポイント

・レストランの外観・内装・設備、什器、備品・調度品などのハードウェア。
・サービスの技能・サービスオペレーション（段取り・分担）・顧客管理などのソフトウェア。
・心地良さ、アットホームな雰囲気、心理的付加価値などのハートウェア。
　（態度、言葉遣い、笑顔、イントネーションやアクセントなどを含む）

　こうしたハード、ソフト、そして、ハートに訴えかける要素を、どう伝えるか。
　それには、お客様の五感に訴えるのが一番です。

・視覚
　色彩、形、季節感、食材、ドライアイスや照明による演出など。

・聴覚
　演出効果による、料理の音。ＢＧＭなど。

・**嗅覚**

　食欲をそそる香り。食事を妨げる臭いの排除。

・**味覚**

　風味（酸、苦、甘、辛、塩）。

・**触覚**

　舌触り、温度など。

　こうした感覚への訴えが総合されて、お客様を楽しませる、演出になるのです。
　そのために、特に重要なのは、食器の選択や盛り付けでしょう。

立体感や遠近感を利用する

　水色の皿は涼し気に、あるいは寒々しく見える、という統計があります。夏の料理、冷たい料理ならば青系のお皿が良いでしょう。一方で辛味の強い物や温かく召し上がっていただきたいものには適しません。
　料理に応じた皿の形状（丸皿、四角皿、長方形皿、小判皿など）と色を吟味すること。
　盛り付けの際には遠近法により奥行を、高さ・厚みを持たせることで立体感を出すことが大切です。そのため、現在では中国料理の食器に限らず、和洋中の食器や小物なども幅広く使われるようになりました。

マネジメント編

Column

ターンテーブルと円卓の歴史

　中国料理の食卓にあるターンテーブルは、東京・目黒にある目黒雅叙園の創始者、細川力蔵氏によって、1932年（昭和7年）に作られました。当時は畳の上に丸く低い（ちゃぶ台のような）テーブルが置かれ、その上にターンテーブルが乗せられ、人々は周囲に座布団を配置してこれを利用しました。ターンテーブルは右回りがマナーですが、乗せてはいけないものもあり、ビール瓶のように背が高くて倒れやすいもの、グラスのように壊れやすいもの、汚れた皿など、下げるべきもの、は乗せないようにします。また、最も注意しなくてはならないのは、同席者がまだ料理を取り分けているのに、ターンテーブルを動かしてしまうこと。

　また、ほんの少し戻したい場合などは、一声かけて逆回しにします。わざわざ一周させることはありません。きちんと断われば、マナー違反にはなりません。

　また、中国では方卓（四角いテーブル）が本来である、と紹介しましたが、現在、レストランなどでは円卓をよく見かけます。では円卓はいつごろから使われるようになったのでしょうか。

　北京と台湾の台北にある故宮博物院に、唐の時代の宮廷の様子を描いた絵図があります。その中の宴席の絵を見ると、描かれているのは長方形のテーブルで、丸いテーブルは見当たりません。一説によると、蒙古（モンゴル）帝国が中国を統治し「元」を成立させた際、モンゴル人が遊牧民、騎馬民族だったことに由来する、といいます。

　彼らはゲルと呼ばれる円形の居住テントを使って、移動しながら生活していました。彼らが中国を統治するようになって、ゲルの生活習慣が持ち込まれました。胡坐（あぐら）をかく、という言葉も、ここからきています。彼らは互いに背を見せない車座の座り方をしたことから、円卓が用いられたとされています。

7章　中国料理の宴会サービス

　中国料理のレストラン、と一口にいっても、個室のある店、宴会場やホールを併設している店、ホテルや会館の中にある店、都心にあるような自社ビルを店舗として営業し、フロアーによってレストランと宴会場とに使い分けている店…と、実にさまざまです。

レストランでのサービス

　レストランでのサービスの特徴は、予約のお客様とフリーのお客様、少人数の個室対応と一般席でのサービスになります。その内容は、大きく分けると「ランチタイム」と「ディナータイム」とあり、それぞれにサービスの技法が異なります。

●ランチタイム

　店の立地条件によりますが、限られた昼の休み時間に対応せねばなりません。それには「クイックサービス」という方法をとります。
　これは、料理をすべて厨房で盛り付け、サービススタッフが運んで提供するサービスです。お客様も食事の時間が限られていることが多いため、サービススタッフは各テーブルの進行具合にしっかりと目を配っている必要があります。
　ランチであってもコースの設定になっていれば、料理は順番に運ばれます。すでに終了した皿があれば速やかに下げ、次の料理を運ぶ必要があります。
　とはいえ、お客様は食事を楽しみに来られているのです。盛り付け、下膳、配膳を手際よく。時間を短縮する必要はありますが、せかせかとした態度をとると、食べている方はまるで急がされている

ような気持ちになり、楽しめません。

　店の印象を悪くする可能性もあります。時間を縮めるのは、お客様に見えないところで、と心得ましょう。

●ディナータイム

　ランチタイムと違って、ゆったりと食事を楽しむために訪れるのが、ディナータイムです。時間に余裕のあるお客様への対応としてはランチタイムのクイックサービスに対して、スローサービスを適用します。

　例えば、食卓で、あるいはワゴン（ゲリドン）などを利用して、大皿に盛り付けられた料理を、各お客様に取り分けるサービス方法があります。お客様の目の前で料理をカッティングしたり、料理全体の姿を見ていただくことで目を楽しませる、プレゼンテーション効果の高い方法で、レストランサービスの中でも最も優雅で高級感のあるスタイルです。また、サービススタッフが取り分けを行っている時に、お客様とコミュニケーションを図ることもできます。ただし、せっかくの料理が冷めてしまう前に、素早くサービスする必要があります。こうしたプレゼンテーションサービスは、手際良く、美しく行う必要があるため、熟練のサービススタッフが担当することが多いです。

サービングカトラリーの使い方

　サービングカトラリー（サーバー）とは、主におおぶりなスプーンとフォークで、料理を取り分けるのに使う食卓用銀器類のことです。ディナータイムなどで、お客様の目の前で料理を取り分けるスタッフは、このサービングカトラリーを使って取り分けるのですが、その使い方にもいくつか「流派」があります。

7章　中国料理の宴会サービス

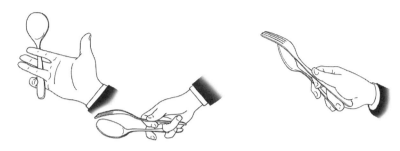

アメリカンスタイル

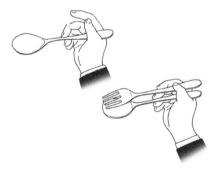

ジャパニーズスタイル

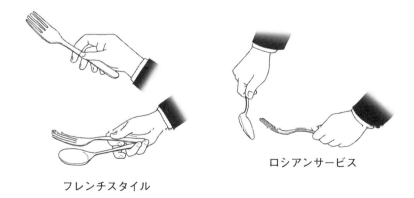

フレンチスタイル　　　　　ロシアンサービス

サーバーの持ち方にはアメリカン（ウエスタン）スタイルとフレンチスタイル、ジャパニーズスタイルがあります。いずれも片手でスプーンとフォークを持つやり方ですが、両手で一本ずつ持つ方法もあります。

　中国料理専門店ではアメリカンスタイルがよく見られます。この方法ならフォークに挟まった焼きそばの麺を片手でスプーンを上下に動かして取ることができることや、豆腐料理のように柔らかいものを、親指と人差し指とで挟んだフォークを反転させてスプーンに添う形に持ち換えれば、スムーズにすくい取れるなど、繊細な動きができることから定着しています。

　一方、ホテルでのサーバーの使い方はジャパニーズスタイルが主流です（フレンチスタイルを併用することもあります）。また、ゲリドンとも呼ばれるワゴンを使用したサービスはロシアンサービスといいますが、その場合には両手でフォークやスプーン、あるいはナイフに持ち換えて取り分けるのに利用されています。

　私はホテル、専門レストランの両方を経験してきましたが、ホテルに行けばホテルの、専門店に行けば専門店のサービングスタイルに合わせるように求められます。それぞれの技法をしっかりと身に着けておきましょう。

レストランにとっての宴会受注のメリット

　大規模な宴会場を持つ店にとって、まとまった人数の宴会を受注することには大きなメリットがあります。

1．宴会の形式や規模によって、サービススタッフの人員構成をコントロールしやすい。
2．レストランの一般席（フリー客）と違って、確実な予約客である。そのため、限られた時間に、人・物・資本を投入できる。
3．人数・価格・量が決定されているので、食材にロスがない。
4．（最も重要なポイントとして）レストラン全体のフードコストが高め（＝原価率が高い）な時期など、宴会を受注すると、宴会メニューの内容によってはコストダウンが実現できる。ひいては、店舗全体のコストコントロールができる。

などが挙げられます。

宴会でのサービス

　レストランでは食事を楽しむこと、そのものが目的となりますが、宴会では食事以外にも目的がある場合が多いというのが、大きく異なる点です。宴会の種類の主なものとしては、
・結婚式・誕生日祝い・出版記念パーティ・創立記念パーティ・激励会・謝恩会・同窓会・新年会・忘年会・法事・歓送迎会・受賞式・招待会・朝食会・各種セミナー・講演会・クリスマスパーティ・ライオンズクラブやロータリークラブなど各種団体の定例会。
などが挙げられます。
　そしてこのような宴会でのサービスでは、サービスの技能に加え、宴会の趣旨や目的に沿った業務能力が求められます。

●宴会スタイルによるサービスの違い

宴会スタイルとしては、
・正餐　着席スタイル（ディナースタイル）・立食形式（ビュッフェスタイル）・着席ビュッフェ（シッティングビュッフェ）・カクテルパーティ形式・カフェテリア形式・卓盛り形式
などがあります。

どのようなスタイルにするかは、宴会の趣旨や目的、主催者となるお客様の要望によって、打ち合わせで決められます。

立食形式の特徴は、ウェルカムドリンクがあることです。これは宴会場の入口で、サービススタッフがトレイに水割りやカンパリソーダ、ジントニック、ソフトドリンクなどを並べ、入ってこられるお客様に、紙ナプキンと一緒にお渡しするサービスです。

開宴までのひと時をおもてなしするとともに、開宴の挨拶のあとの乾杯の際、飲み物を注ぐ時間を短縮できるメリットもあります。

乾杯までの間に飲み終えてしまった方のためには、チラシテーブル（宴会用語です）といって、フードテーブルとは別の小丸テーブルにビールやソフトドリンクを瓶ごと置いておく場合があります。各自、お飲み物を楽しんでいただいている間に、スタッフはそれら、テーブルに置かれたドリンクの抜栓を進めておきます。

正餐の場合は、ウェルカムドリンクはありません。すべての飲み物、料理を、サービススタッフが運びます。また、正餐の場合、よく起きるのが時間配分のトラブルです。

主催者側には宴会の目的があります。商品発表だったり、誰かの表彰だったり、目的はさまざまです。主催者にとっては食事よりも、その目的が第一ですから、いっとき食事から離れて、主催者側のプレゼンテーションに意識を向ける時間を確保したくなるものです。

7章　中国料理の宴会サービス

　食事とプレゼンテーションを両立させたいのであれば、お客様が自由に動ける立食パーティ形式が良いのですが、あくまで着席で正餐スタイルを、となると、その時間を確保せねばなりません。全体で2時間30分で設定されているコースメニューだとしても、30分はプレゼンテーションに割きたいので、2時間までに収めてほしい、という要望が出るわけです。

　もちろん、出席者にはそうした事情は伝わっていません。そういう場合、対応を誤るとトラブルになりやすいのです。

　正解は、コース料理の流れの前半をクイックサービス方式にして、時間を短縮することです。前菜はあらかじめ厨房で盛り付け、手際よく運びます。そうしてやや時間を稼いだところで、中盤から後半にかけて、コースもクライマックスを迎えるところでは余裕を持たせて、ゆったりとしたスローサービスに。大皿料理を取り分けるなど、豪華で高級感のある食の演出でお客様を楽しませます。

　これを逆にすると、大変なことになります。前半でゆったりしてしまうと、終盤に近付くにつれて終了時間の見通しが立たなくなり、サービスも慌ただしくなります。進行が遅れると、主催者は心配し始めますし、何も知らない列席者はスタッフの慌ただしい動きに急かされているような印象を受けて、気分を害する場合もあります。

　宴会は生き物。サービスのスピード感、時間の割り振りひとつで、良くも悪くもなるのです。

抜栓

●シャンパン

　立食形式のドリンクサービスについてご紹介しましたが、正餐スタイルのドリンクサービスにも大きな、そして重要な見せ場があります。シャンパン（またはスパークリングワイン）の抜栓です。

マネジメント編

　レストランでは、シャンパンやスパークリングワインの抜栓は、お客様のお祝い事の演出効果を高めたりしますが、それは個室をご利用の場合です。一般席では周辺のお客様を驚かせてしまうこともありますので、注意を払う必要があります。コルクの周辺をアームタオルで抑え、コルクが勢いよく飛ばないよう、また、あふれたお酒が噴き出さないよう、徐々に抜くようにします。もちろん、音も最小限になるよう、努力します。

　披露宴など、貸し切りの場でのシャンパン抜栓は、タイミングが重要です。お客様が大勢ですので、ボトルの本数も多くなります。レストランの抜栓とは違って、複数のボトルを抜栓する場合、セレモニー的な意味も込めて、タイミングが一致することが大切なのです。その合図は、新郎新婦のケーキ入刀の際、主役に付き添っていたキャプテンが、ケーキ台から降りた瞬間が合図となります。音楽も大きくなり、最も盛り上がる瞬間、たくさんのボトルからポン！と気持ちの良い音をさせて栓が抜かれれば、演出効果は絶大です。

　ケーキの入刀は絶好のフォトチャンスでもあり、お客様はコンパクトカメラやスマホを手に、ケーキ台の周辺に集まります。そのひと時の撮影タイムの間に、注いで回り、サービスを完了させれば、ひと段落して席に戻った時には用意が整っている、というわけです。

　結婚披露宴以外の宴会で、シャンパンの抜栓を行う場合は、ケーキの入刀はありませんから、どのタイミングで行うか、進行状況との兼ね合いを考えながら、主催者と打ち合わせる必要があります。その打ち合わせには、サービススタッフが全員出席するわけではありませんので、何を合図にするのか、指示命令は簡単明瞭になるよう工夫し、スタッフに徹底する必要があります。ポイントは、

・抜栓担当のスタッフの中から１名、リーダーを決めます。
・リーダーを上位席に近い、Ａの壁側の右端に立たせ、Ａ壁側のスタッフも、ずらりと壁に沿って並びます。

7章　中国料理の宴会サービス

- お客様のテーブルをはさんで、向いのB側の壁にもスタッフが一列に並びます。
- 抜栓のタイミングに合図を送るのは、もちろん、リーダーです。しかし、Bの壁側のスタッフからリーダーはよく見えますが、Aのスタッフからは見えません（きょろきょろとリーダーの方を伺うと見苦しいのでやめましょう）。
- リーダーが合図の動作を決めておきます。B側スタッフは、その動作を見たら、同じ動作をします。
- A側スタッフは、B側スタッフの動作を見て、合図とします。
こうして、一斉に、完璧な抜栓ができるのです。

　もちろん、リーダーは抜栓のタイミングを打ち合わせの上でしっかりと把握しておくこと、A側、B側のスタッフで手順を申し合わせておくことが重要です。

※レストランでは、シャンパンクーラースタンドを利用して抜栓しますが、宴会場ではサービススタッフ一人ひとりにそれがありません。スタッフはボトルをしっかり支えて持ち、左足をやや「く」の字に曲げて太ももでボトルを支え、右手で抜栓します。

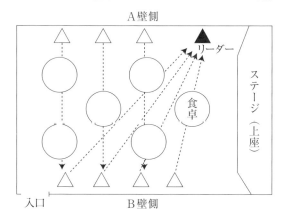

シャンパンの抜栓　サービススタッフの目線

●ワイン

　ワインの抜栓については、各専門書に記載されていますが、ソムリエナイフを使用したワイン抜栓時のポイントは何といっても、ワインボトルの注ぎ口からコルクが抜かれる瞬間であり、ソムリエナイフからコルクを外す動作でしょう。その一瞬が、お客様の期待を高める演出効果になるのです。ワイン抜栓の流れは、

1．お客様にオーダーされたワインのラベルを見せて確認していただく。
2．ワインボトルの口元にソムリエナイフを当てて一周させ、キャップシールを取る。
3．コルクの中心にコークスクリューを当てて、回し入れる。
4．ソムリエナイフの先端のかぎ状の部分をボトルの縁にひっかけ、テコの原理でコルクを引っ張り上げて引き抜く。この時のコツは、

・コルクの中心にコークスクリューを当てる際、人差し指を添えると、中心位置を特定しやすくなる。
・コークスクリューを時計回りに回転させながら、ソムリエナイフの端のかぎ状部分をボトルの縁にひっかけるが、そのまま全部は引き抜かない。コルクが $\frac{1}{3}$ 残った状態で一旦止め、右手の親指、人差し指、中指でソムリエナイフの上から出てきているコルクをつまみ、左右に動かしながら静かに引き抜く。
・ソムリエナイフからコルクを抜く場面では、コルクからナイフを抜くよりも、むしろ、ナイフからコルクをはずすつもりで。
・お客様から見えるよう左手でナイフを持ち、右手でコルクを握る。
・左手で持ったナイフを回転させるのではなく、手前内側に傾けた時、右手で握ったコルクを内側に回す。右手を少し離して元の握った位置に戻す。左手のソムリエナイフは外側に傾いているので、手前に傾ける動作を続けてコルクをすばやく抜き取る。

7章　中国料理の宴会サービス

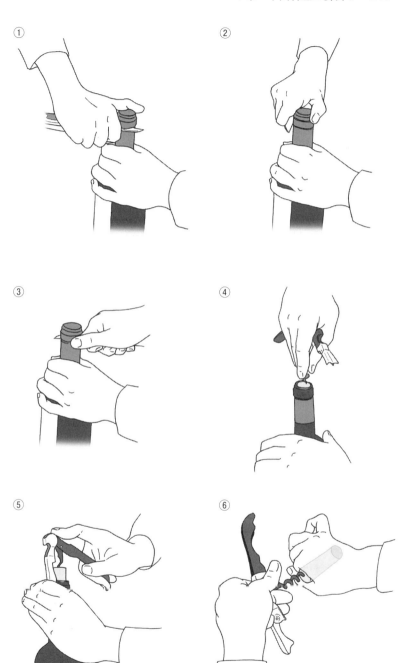

マネジメント編

Column

日本と中国のサービスの違い

　中国料理レストランでも、本国と日本とではサービスに違いがあります。同じ中国料理なのに、なぜ違うのか。その背景も理解しておきましょう。

　当たり前のことですが、和食が私たちにとって「日常的」で「毎日の食事」であるように、中国の人々にとって中国料理は自国の味です。和食にも家庭料理と高級料理があるように、中国料理にもそれはありますが、いずれにせよ、日本にとっては、中国料理は海外からもたらされたもの。江戸時代の資料にも記録はありますが、本格的に日本に入ってきたのは100年ほど前のことで、一般に浸透したのは、おそらくここ50年ほどのことでしょう。横浜や神戸などの中華街、大型ホテルの中の中国料理レストランなど、今では様々なスタイルの中国料理店が増えましたが、当初は海外からきたエキゾチックなもの、高級なもの、という印象を持たれていました。そのため、日本でのサービススタイルは高級料理として、丁寧に、美しく、を心がけるものとなり、中国本土の「手早いが乱雑」とはだいぶ違うものになったのです。

　日本料理の世界では、サービススタッフの所作の美しさ、大皿から取り分けた時の盛り付けの美しさも、食事の雰囲気を大きく左右されるものとして重要視されます。そのため、そうした考え方を踏襲して、豪華で美しく、丁寧なプレゼンテーションが要求されるのです。

　一方、本場中国では、中国料理は「火の料理」ともいわれ、機械的ではあっても素早く、熱いものをできるだけ熱いうちに提供しようとする姿勢の表れだと見ることができます。

伝えておきたい　特殊料理のサービス技法

　中国料理にはいくつか、特殊な料理があります。一般的なメニューではないかもしれませんが、そのサービス技法については、ぜひ若い世代に受け継ぎたいと思っています。

■叫花（化）童鶏（教化鶏）（ジャオホワヂィ）または塩焗鶏（イェンジュイヂィ）も同じサービス方法です。

　この料理は、江蘇省の伝説的由来の名物料理です。鶏の内臓を取り出して、花椒塩を鶏肉にまぶし、老抽（中国醤油）、紹興酒、蠣油を合わせた汁に漬け込みます。その後お腹に、長ねぎ、人頭菜、豚の背脂、干ししいたけ、生姜の細切りを炒めて詰め込み、豚の網脂で包み、さらに蓮の葉でくるみます。昔は粘土で固めたものですが、今はパン生地を使って塗り固め、オーブンで焼き上げます。

　焼き上がったものをそのまま客席に運び、供します。

●用意する物

　サービス用ワゴン、木槌、白手袋、テーブルナイフ、テーブルフォーク、テーブルスプーン、サービス用ナプキン、キッチンバサミ、盛り付け用の皿、カッティング用の大皿

1. サービス用ワゴンの上に乗せた叫花鶏の包み焼きを、お客様の前で演出効果を高めてサービスします。（右・左手は利き手を指す）
   　お客様から見て、見栄えのするよう、左手にナイフ、右手に木槌を持ち、パン生地の上にナイフを当て、上からナイフの峰を打ちながら、十文字になるように割れ目を入れます。また、木槌を使うのは、ナイフを叩いても不快な金属音がしにくいためです。

2．下部位にナイフを当て、同じ木槌で打ちながら、ぐるりと一周させて切り込みを入れます。右手に持っていた木槌をナイフに持ち換え、左手にはフォークを持って、上から四方に、それぞれ包みを剥がします。

3．中から蓮の葉で包んだ叫花鶏が出てきますので、カッティング用の大皿に移し換えてから、蓮の葉を広げます。

4．鶏肉が出てきたら、まず足が縛ってないかを確認しましょう。料理人によっては、鶏の脚部をタコ糸で結んでいたりするので、その場合はキッチンバサミで糸を切り、除きます。

5．鶏のお腹の中の料理を右手にスプーンを、左手にフォークを持って取り出し、盛り付け皿に移します。

6．左手にフォーク、右手にナイフを持ち、叫花鶏を一度横向きにして、背中から腰部分の筋肉（ソリレス）にかけて、十文字に刃筋を入れ、隠し包丁を入れておきます。

7．正面に向きを変え、最初にもも肉をカットします。もも付近の本体部位をフォークで押さえ、もも肉の付け根にナイフで切り進むと、小さな丸い関節が見えてきます。今度はフォークでもも肉を押さえながら、ナイフで関節の周囲を切り込むと、先ほどの背中に入れておいた十文字の切り込みが生きてきて、スムーズにもも肉がはずれます。

8．はずしたもも肉は、中央の関節に刃筋を入れて切り取り、もも肉についている足先を切り取り、盛り付け皿に乗せます。もう一

7章　中国料理の宴会サービス

3.

6.

6´.

7.

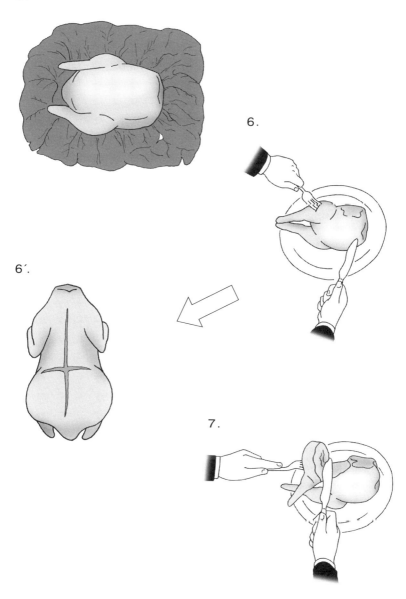

方のもも肉も同様にします。

9．胸肉を切り取ります。胸肉の中央には胸骨があり、その左右には、ささみが付いています。フォークで本体を押さえながら、肩の関節にナイフの刃先を入れ、胸骨に向かって斜めに進み、胸骨からはまっすぐに切り下して、ささみもつけたまま切り取ります。

10．切り取った胸肉についている手羽を関節に沿って、切り外します。胸肉はフォークの背の部分で押さえながら、食べやすい大きさに切ってから、盛り付け皿に乗せます。もう一方の胸肉も同様にします。

11．残った首回りのV字状の肉も切り取り、腰部分の筋肉（ソリレス）をスプーンですくって、盛り付け皿に移します。

12．盛り付け皿に、カットされた叫花鶏を美しく盛り付け、その姿をお客様にプレゼンテーションしてから、お客様の要望によって、人数分に均等に取り皿に取り分け、付け合わせの詰め物料理を添えてサービスします。

「席次」の大切さを知る

　誰が・どの席に座るのか。それが「席次」または「席順」と呼ばれるものです。日本にも西洋にも、室内に上座・下座はあります。また、ひとつのテーブル（卓）の中にも、上座・下座はあります。
　家族や友人と食事を楽しむ場合には、誰がどこに座ろうとかまいませんが、おもてなしの席やビジネスの接待、あるいはパーティの場面では、席次は大きな意味を持ちます。

サービスに携わるスタッフは、席次の基本を熟知すること、席次に従ってサービスをすること。そして、仮に接待のための食事の場合は、お客様の接待が首尾よく進むよう、お客様にアドバイスをし、お手伝いをすることが大切です。

■**室内の上座・下座を判断する**

和室ならば床の間のある場所、洋室ならばマントルピースなどのある場所が上座となります。中国式の広間の場合も、大きな絵や調度品が飾ってある場所があれば、その前が上座となります。

また、洋の東西を問わず、入口から遠いほうが上座、近いほど下座となります。また、窓から外の景色が楽しめる席は一般に上座、窓を背にする方が下座となります。

もしも室内に2か所、出入り口がある場合は、どちらか一方をサービススタッフの出入り口と決め、他方を締め切りにします。そうして出入り口を基準に上座・下座を決めるのです。

■**テーブル内の上座・下座を判断する**

基本的に、料理の提供などのサービスは上→下の順に行います。テーブルが円卓か四角い（方卓といいます）かにもよりますが、1卓内の席次の上下については、2通りの考え方があります。

【対面式】

主に結納の席などで用いられる席次で、もてなす側ともてなしを受ける側が対面する形で座る方法。図内、○＝客側　△＝ホスト側。

中国では偶数を尊び、また右よりも左が上位となります。よって最上席に主賓が座り、その左隣に2番目の地位にある人を配置します。次が右隣、4番目がまた左側の並び…という席順になるのです。

【交互式】

結納などの場面を除いて、現在の主流となっているのが交互式です。これは、ゲスト側とホスト側が交互に座る方法で、主賓の左隣にはホストが、右隣にはホスト側のナンバー2が座ります。以後、2, 3, 4…の順に座ってゆきます。

いずれの方式にせよ、サービススタッフは上座から下座へ、順番にサービスをしてゆきます。

■対面式と交互式

[対面式]　主賓
3　2
4　4
2　3
ホスト

[交互式1]　主賓
2　△ホスト
3　2
4　3
4

○招待される側
△招待する側

[通常のサービス順位]
1
3　2
5　4
7　6
8

[交互式2]　主賓
ホスト△　2
3　△2
4
△

■2卓の場合

入口　次位卓　上位卓　　次位卓　上位卓
　　　　　　　　　　　　入口

8章　マネージャーの役割

　レストランにおけるマネージャーの役割とはいったい何でしょう。もちろん、いろいろありますが、端的にいってしまえば「売り上げに責任を持つ」ということです。
　料理長はコストや料理の品質に責任を持つ。そしてマネージャーは売り上げとサービスの品質に責任を持つ立場です。

マネージャーがなすべきこと

　まず最初に総括してしまいましょう。
　マネージャーの役割を具体的に示すと、次の6つになります。

1．計画（プラン）をマネジメントすること
　その店を1年間、どのように運営してゆくのか。季節ごとの売り上げを平準化し、かつ上昇させていくためには、年間、月間でどのようなプランを立て、それを推進してゆくかです。

2．組織の維持
　規模の大きな店になればなるほど、スタッフは組織で働かねばなりません。調理場も、サービスフロアーも、多くのスタッフが各自の役割をしっかり認識して、それぞれの目標を達成すること。各人の能力を最大限に生かすためにも、重要なのは心身の健康です。メンタル面も含めた、スタッフ全員の健康と活性化を図るのも大切な役割です。

3．指導・コーチング

どの役割分担であれ、それぞれに必要な技能や知識というものがあります。また、専門分野を超えたところに、普遍的な社会人としてのマナーや、仕事への取り組み姿勢というものがあります。いずれにせよ、マネージャーは自分の店で働くスタッフのモチベーション（メンタル）のマネジメント、また、技能や知識、モチベーションの向上を図るコーチングという役割も担っています。

4．管理統制

コントロールマネジメント。これにはあらゆる要素が含まれます。日々の業務の流れ（フロー）、時間の管理、物や人の管理、お金の管理…。店全体がどう機能すれば、最も品質の高いサービスが提供できるか。売り上げを作ることができるか。また、働く人たちの幸せな労働環境を守れるか。トータルに管理体制を考え、維持する仕事です。

5．技術・知識・能力のマネージメント

3．のポイントにも通じる部分ではありますが、各人がどのような知識や技術、能力、経験を持っているのか。それをきちんと把握し、果たしてそれが発揮できているのかを検証する。それが技術・知識・能力のマネジメントです。人には能力と性格がそなわっています。職場の雰囲気や人間関係も、そこで果たされる業務の質や量に影響します。それらを含めて、各人の能力や技能を見極め、把握し、マネジメントするのがマネージャーの役割です。

6．人・物・金・時間・空間・場所のマネージメント

経済や経営を語る上で、人・物・金というのは基本要素ですが、レストランのマネージャーにとっては、そこに時間、空間、場所が

加わります。

　時間とは、例えば所要時間。あるいは時間の経過。お客様を待たせるのも時間なら、宴会がスムーズに進行しているかどうか、管理するのも時間です。開店の時間、閉店の時間、準備にかかる時間…、お客様のいない時間も、スタッフが働いている限りは業務です。

　空間とは、店内全体の空間のこと。厨房、バックヤードやストックヤード、一般席、個室。さらには廊下やホール、トイレ、従業員の休憩室まで、すべての空間が理想的な状態にあるようにせねばなりません。

　では、場所とは何でしょう。空間とどう違うのでしょうか。

　場所とは、主に店のおかれた立地条件です。飲食店のロケーションは非常に重要な要素です。住宅街なのか、オフィス街なのか。昼間の人口と夜間の人口はどう違うのか。人通りが多いところなのか、少ないところなのか。開かれた場所（路面店など）なのか、クローズドな場所なのか（ホテル内レストランなど）。それによって、集客のための戦略はすべて変わってしまいます。

マネージャーの行動指標

　上記のような役割を果たすために、マネージャーはどう行動すべきでしょうか。もちろん、個人個人の考え方はあるでしょうが、私が思う指針についてご説明しましょう。

1．明確で特定されること

　各スタッフはマネージャーの指示で動きます。そのため、その指示は明確でなければなりません。いつ・誰が・どこで・何を…という5W3Hが明確に、特定されるべきです。指示を受けた側が迷わず、適切に対応できるようにせねばなりません。

5W3H
When（時期・期間・時間）　いつ・いつまでに
Where（場所）　どこ・どこで・どこへ
Who（相手）　誰が・誰と・誰に
What（商品・要件）　何を・何に・何で
Why（理由）　なぜ
How（方法）　どのようにして
Howmuch（予算）　いくらで
Howmany（数量）　何人・何Kg・何本・何個

2．測定できること
3．現実的であること
4．方針に適合しコンプライアンスを遵守すること・社会的貢献

　レストランは組織で動いています。また、経営者が個人の場合もあれば、企業である場合もあるでしょう。シェフがオーナーだったり、マネージャーが経営者である場合もあるかもしれません。いずれにせよ、企業・店舗としての方針を打ち立てたら、その方針を各スタッフに理解・浸透させ、その方針に適合するように運営せねばなりません。また、昨今は社会全体でコンプライアンスの重要性が指摘されています。飲食店は人の口に入るものを提供する施設です。衛生面はもちろん、食品の安全性の担保は重要なコンプライアンス事項です。調理スタッフはもちろん、サービススタッフ全員がコンプライアンス意識を持つことが大切です。

　ただし、コンプライアンスを最低限守っていればいい、というものではありません。飲食店はサービス業です。訪れたお客様に貢献するのは当然ですが、もっと大きな目で見た時に重要なのは社会に貢献することです。自分の店を通してどんな社会貢献ができるか、考えるのもマネージャーの仕事です。

5．安全はすべてのサービスに優先する

　どんなにおいしい料理も、丁寧なおもてなしも、食中毒などの事故の前には何の意味もなしません。飲食店にとって、何よりも優先されるべきは「安全性」です。お客様と従業員、お店に関わるすべての人にとって安全であること。そのためには、
・衛生管理（スタッフの衛生、または害虫害獣の駆除を含む）。
・食材管理。
・ガス・電気などのエネルギー管理。
・緊急時の対応。
など多岐にわたる安全管理と、そのための意識が必要です。

目標設定の考え方

　なぜ、目標を設定するのでしょうか。
　目標の設定＝目標値の設定といい換えてもいいかもしれません。
　マネージャーが管理すべき内容は実に多岐にわたります。
・人件費管理
・売り上げ管理
・コスト管理
・経費管理
・衛生管理
・顧客管理
・食材管理
・出庫管理
・労務管理
・メニュー管理
　ざっと挙げてもこれだけの管理項目があります。
　少し具体的に見てみましょう。

●フードコントロールチャート
1．メニュー計画を立てる。
2．客数・客単価・出数予測を立てる。
3．食材の必要購入量を見積もる。
4．見積もり比較・品質を確保する。
5．仕入れ。
6．納品・検品（保存・保管）。
7．生産（調理）・売り上げ。
8．営業成果・予算対比・検証。

●レーバー（人員）コントロールチャート
1．人員計画（必要人数・配置・予算）。
2．採用。
3．オリエンテーション（作業スケジュール作成）。
4．管理・統制（コミュニケーティング）。
5．動機づけ（モチベーションアップ施策）。
6．従業員別の能力・技術力評価。
7．人件費管理。

　このように順序立てて仮説を立て、実行し、検証することでコントロールを進めてゆきます。

目標設定の注意点

　どのような目標を立てるにせよ、また、それがマネージャー自身の目標であれ、従業員の目標であれ、目標を設定する際に留意すべき点は同じです。

・内容が明確で特定できること。
・具体的に数値などで測定できること。
・現実性があること・机上の空論を避ける。
・会社としての、店としての経営方針に適合すること。
・実現に至るまでの手順が明示されていること。
・責任の範囲と所在が明確であること。

サービス業の労働生産性

　マネージャーは職場の労働生産を向上させなくてはなりません。
そのためには、何をすべきでしょうか。

・作業方法と手順の見直しを行う。
・作業の効率化を図る。
・作業の簡素化を心がける。
・作業ステップの追跡調査を行い把握する。
・作業の評価・分析・改良点の発見に努める。
・その作業がなぜ必要なのか、検討する。

　また他の業種と比較して高いのが、従業員（パートを含む）の回転率です。従業員の回転率とは何でしょう。
　それは一定の期間にどれだけ、入れ替わったかを意味します。
　人は、内容、報酬などさまざまな面で仕事に満足していれば、その職を離れようとは考えません。
　つまり、人員の回転率は低ければ低いほど、職場としては良好である、ということになります。

従業員の回転率は数式で求めることができます。
例題で考えてみましょう。
例えば、正社員が30%、アルバイト・パートが70%の場合。

期首（4月1日）従業員数が67人の店があります。
期末（9月30日）には従業員が71人になっていました。
期間中の平均人員は、
(67 + 71) ÷ 2 = 69人　です。
期間総人員を106人と仮定して、106人 − 平均人員69人 = 37人
37 ÷ 69 = 0.54
従業員回転率は54％ということになります。
他の産業と比べて回転率が高い。回転率は低いほど良い、とされています。

権限委譲とは

　マネージャーの仕事は多岐にわたります。項目にしてしまえば、簡単ですが、現場で具体的に何を・どのように行うかは、それぞれの店の事情や、マネージャーの考え方によって異なるでしょう。
　スムーズに業務を遂行し、かつ、成果を上げる上で大切なことのひとつに、「権限の委譲」があります。
　権限の委譲とは、マネージャーの権限と責任の一部を、他に移すことをいいます。
　では、なぜ権限委譲をするのでしょうか。

・マネージャーが仕事の日常性から離れられる
　マネージャーとてスーパーマンではありません。同時に2か所に居ることもできなければ、病気にもなるでしょう。万一のトラブル

に直面した時、マネージャーが職場を離れた途端、業務が麻痺するようでは困ります。そんな場合に備えて、マネージャーが日常的な業務から（ある程度）離れても問題ないように考えておくことは大切です。

・マネージャーがプラン（計画）作成のための時間を持てる
　日々の業務をこなすだけで、マネージャーがいっぱいいっぱいだったら、その店はどうなるでしょう。日々を潤滑にこなしつつ、将来のために計画を立てたり、これまでのことを振り返って分析したりするのは、マネージャーの重要な役割です。そうした時間的余裕を捻出するためにも、権限の委譲は重要です。

・マネージャーが運営を管理しやすくなる
　上記と理由は同じです。時間的余裕が生まれれば、運営全体を見渡しやすくなります。

・マネージャーが行動範囲を広げられる
　マネージャーが持ち場に縛られていては、他部署との連携や他店の情報収集、営業活動などにも制約が出てきます。マネージャーが自由に動ける、時間・行動範囲を確保するべきです。

・意思決定が問題点を明確にしてなされる
　何かしらの懸案を検討、分析、判断、意思決定するプロセスで、広い視野を持つことや、問題点を明確にして、冷静に判断することはとても大切なことです。常に忙しさに紛れている状況で、こうした判断ができるでしょうか。意思決定に必要な冷静さ、客観的視点を確保する上でも、マネージャーの負担を軽減することは大切です。

・部下の能力開発ができる

　権限を委譲された側のメリットでもあります。権限と責任を背負うことで、仕事のトレーニングにもなり、能力の向上が見込めます。スタッフの能力が向上すれば、ひいてはマネージャーの業務軽減、店舗全体の活性化、技能向上にもつながります。

権限委譲の手順

　とはいえ、本来マネージャーが行う業務の権限と責任を他に委譲するということは、慎重に行うべきです。経験の浅い、判断基準を持たない人に、いきなり渡しても、トラブルが起きるだけです。

・権限を委譲することで起こりうる、最悪のシナリオをシミュレーションしておく

・手順を踏んで権限を委譲する
1．仕事の内容を明確に。分かりやすく分担する。
2．委譲された責任を全うできるよう、十分な権限を同時に与えること。
3．その仕事に必要な技術・能力は何か、当人に十分理解させること。また、当人にその技術・能力があるかどうかを見極めること。
4．委譲された人の技術・能力が十分カバーできるものであることを教えること。

人事考課

　マネージャーの大切な役割のひとつに、人事考課があります。
　人事考課は、従業員を正しく評価、判断し、適材適所に置くこと。

適切な業務量であるかどうかを判断すること。能力が十分に生かせているか、さらに向上に努めているかを判断することです。適切な人事考課がなされていれば、従業員の仕事に対する動機付け（モチベーション）を高めることもできるのです。

　組織の中でモチベーションを高め、仕事上の技能を習得させること。仕事にやりがいや生きがいを感じてもらうため、目標を与え、取り組ませること。
　その取り組み姿勢、態度、進捗状況、成果を考察することが大切です。

　具体的に、どこを・どう評価するのか。それには明確な評価領域があります。

1．モラル（道徳）
　　職務に忠実であるかどうか。道徳的な価値観を持って普遍的な判断・行動ができているか。
2．将来の行動に結びつくか
　　職務への取り組みが、将来への発展に寄与するものかどうか。
3．昇格・給与・ボーナスの査定
4．配置転換
　　適材適所であるかどうか。また、技術の習得具合を判断して、次の段階へ進めたり、違う職務を経験させる意味もある。あるいは、チームワーク上の配慮から転換する場合もある。
5．再訓練
　　転換の結果が思わしくない、技術や職務技能に抜けがあるので、その部分を補完する、などの理由がある場合は、再訓練を施す。

人事評価の落とし穴

　人が人を評価するのですから、当然、公正でなければなりません。また、評価される側に不当である、という不公平感や不信感につながりかねない危険性もあります。
　評価について注意すべき点も確認しておきましょう。

　ポイントは、仕事上とは関係ない要素で判断していないかどうか、ということです。
・何らかの偏見がないか。
・服装や外見で判断していないか（業務に必要な清潔感、制服などの決まりの順守、ではなく、好みとして）。
・年齢
・個人的感情の好き嫌い。
・印象（論理的根拠を持たない、好き嫌い感情による印象）
・歪曲解釈
・誤解
・噂
　こうしたことに左右されることなく、判断したいものです。

マネージャーは店をコントロールすべし

　あなたのお店が大変人気のある繁盛店だとして、混雑のピークとなるタイミングを、トラブルなく切り抜けるにはどうしたらいいでしょうか。クレームを出すことなく、リピーターを増やして、ますます売り上げを上げていくには？
　そんな時、大切なのは、マネージャーが店全体をどれだけコントロールできているか、ということなのです。

8章　マネージャーの役割

■コントロールテーブルを持つ

　私が現役のホテル内レストランのマネージャーをしていた頃、どんなに混雑していても、マネージャーとしての裁量（権限）で、コントロールできるテーブルをひとつ、必ず確保していました。

　前にも書きましたが、個室がいっぱいで、おまけにフリーのお客様が列をなしている、そんなタイミングに限って、予約なしにふらりと現れるのが常連のお客様だったりします。大きな花火大会の後だとか、大きなイベントやコンサートの後など、一度にどっとお客様が押し寄せることがあります。そんなタイミングで「あの店なら、無理を聞いてくれるから」とおみえになるのです。

　あるいは、小さなお子さん連れのお客様。お待たせするにも、幼児には我慢の限界があります。ぐずり始めたりすれば、周りのお客様にもストレスになります。

　また、ホテル内のレストランの場合は、宿泊のお客様。外からみえたお客様に対して、自分達はここに泊まっているのだ、という意識が強いですから、どうしても特別扱いしてもらいたがる傾向があります。

　そんな「特殊な」お客様の期待に応えつつ、並んで待たされているお客様たちに不愉快な思いをさせないためにも、保険として、コントロールテーブルを用意しておくのです。

　そのコントロールテーブルにも、コツがあります。なるべく、列をなしている人たちから見えにくいところに設けること。場所を一か所に決めないで、適度にお客様を通して場所をローテーションさせることです。

　特定の一卓がずっと空席のままでは、特に店内が混雑しているときは目立つものです。待たされている人がそれに気づいたら、「なぜあそこはずっと空いているのに、お客さんを通さないんだろう」

と思われてしまいます。そのためにはもちろんリザーブスタンドを立てて置きます。

適宜、コントロールテーブルを30分ぐらいのスパンでローテーションさせて、急な事態に対応できるようにしておくのです。

ホテルの予約システムのオンライン化によって、中国料理レストランの予約状況がどのセクションからも一目瞭然に把握できます。満席状態にもかかわらずマネージャーがコントロールテーブルを持つことは創意工夫により充分可能です。

■ホテルのコンシェルジュとの関係を良好に保つ

もし、そのレストランがホテル内にある場合。コンシェルジュとのコミュニケーションはとても大切です。混雑する年末年始やお盆、クリスマスなど、どこもいっぱいで宿泊客が食事に困っている、というような場合、コントロールテーブルを上手に活用して、席を融通してあげるのです。ホテルスタッフにとって、宿泊者は大切なお客様。おなかをすかせて路頭に迷うようなことはさせられません。

そんなコンシェルジュのピンチを何度となく、サポートしてあげられれば、繁忙期でなくても、お客様から「どこかいいレストランない？」と相談された時に、積極的に勧めてくれて、お客様を回してくれることだってあるのです。

■席を空けても売り上げは満席より上がる！

繁忙時に一卓空けておくなんて、もったいない！と思われるかもしれません。しかし私の経験からすると、ありったけの席にお客様を詰め込んでしまうと、それがお店の限界になってしまうのです。

片っ端から、来た人をどんどん席に案内します。満席になります。あとから常連さんが来ようが誰が来ようが、満席なのですから、断るしかありません。悪いいい方をすれば「安心して断れる」のです。

「満席」ほど絶対的ないい訳はありません。

　しかし、そこでコントロールテーブルを持つことで、誰かに融通を効かせてあげられれば、それが常連さんなら、きっとこれからもご愛顧くださるはずです。新規の方でも、お店に好印象を持って、常連さんになってくださるかもしれません。限界を自分で作ってしまうことほど、もったいないことはありません。長い目で見れば、席を空けて全体をコントロールしたほうが、常連さんを増やし、売り上げを増大させられると思うのです。

■マネージャーが持ち場を離れてもいいようにしておく

　前の項目でもご紹介しましたが、コントロールテーブルさえふさがってしまったタイミングで、常連や宿泊のお客様が来店されたら。そんな時は、近くにあるバーやカフェにご案内して、お席が整うまで待ってもらいます。あるいは宿泊のお客様ならば、自室にいったんお戻りいただいて、くつろぎながら待機していただくこともあります。

　その際、「○階にバーがありますから、そこでお待ちください」とか、「お部屋でお待ちください」と店から見送るだけでは不親切です。すぐにご案内できないことを申し訳なく思っていることをお伝えするには、バーやカフェまで同行案内して、そちらのスタッフに託すところまで見届けるか、あるいはフロントやエレベーターホールまで同行して、客室にお戻りの上、お待ちいただけるようお願いすることが大切です。

　その場合、どうしても、マネージャーはいっときとはいえ、持ち場を離れることになります。持ち場を離れた途端、サービス全体が崩れるようではいけません。何時間も離席するわけではありませんし、しばし離れる間は誰がマネージャーの補佐をするのか、普段から決めておくことが大切です。臨機応変な対応には、時間はかけら

れません。細かな指示をいい残したり、打ち合わせしたりする暇はないのです。

　常日ごろから、そういう場合のサブリーダーを決めておくこと、そういう時の対応についてメンバー全員で共有しておくことが大切です。

ミーティングの重要性

　マネージャーの役割について、さまざまな説明をしてきましたが、こうした業務をよりスムーズに、また、職場の風通しを良く、情報を共有する上でも重要なポイントとなるのが「ミーティング」の存在です。

　　ミーティングの効果には、
・上司、部下、同僚間での誤解が少なくなる。
・チームワークの育成ができる。
・従業員の仕事を計画するのに役立つ。
・従業員の訓練に役立つ。
・仕事の細分化がしやすくなる。
・マネージャーの職務を知らせ、理解を深めることができる。
・目標を教え、理解させることができる。

　つまり、コミュニケーションを図るうえで非常に有効であり、重要だということです。

　そのミーティングを、より効果的なものにするために、気をつけねばならない点があります。

1．定期的に実施すること。
2．前もってスケジュールを立て、それを守ること。急な変更は避ける。
3．シフト前、またはアイドルタイムに実施する。
4．時間を守る（開始、終了の時間を守る）。
5．記録（議事録）をつける。
6．前もって議題を設定するが、主題は大きくしない。議題は具体的に。
7．ミーティングで決定されたことは、マネージャーが模範を示すこと。

こうした心がけと努力の上にミーティングを行えば、インナーブランディング（内部へのコミュニケーション）を推し進めることができます。

インナーブランディングとは、お客様からは見えない部分の仕事の重要性をスタッフに認識させること。具体的な数字評価になりにくくても、それが大切な仕事であり、代えの効かない業務であることを、担当各人に示し、理解してもらうことです。

チームワークの重要性

レストランでの仕事は、一人でする仕事と違って他のスタッフとの連携によって成り立ちます。常に、分担の違う誰かとの協同作業であり、そこには人間関係力も求められます。

つまり、協調性、責任感、信頼感、接客態度、情緒の安定、清潔感、明確な対応力、健康…などが必要とされるのです。

マネジメント編

シフト表から見えてくるもの

　レストランにおけるシフト表は、アシスタントマネージャーもしくは労務担当キャプテンによって毎月作成されてゆきます。
　前月の決められた日までに、公休届けや早退届けの申し込みを受けていますが、締切り後であっても急な事情によるものであれば調整しています。基本となる一日のシフトは早番・中番・遅番を中心に複数のシフトで構成されており、キャプテンやシニアウェイター・ウェイトレスのベテランから３年未満のウェイター・ウェイトレス及びバスボーイやアルバイトまで能力バランスを考え作られております。

　シフト表による当日の出勤にあたっては早番のキャプテンがその日のスタッフ配置図を作成します。あまり良い表現ではないのですが、業界用語で「出面（デズラ）」といって、その日の出勤スタッフの名前をエリア別ホール担当や個室担当及びバックヤード担当やデシャップ担当にいたるまで、配置図に書き込みます。
　マネージャーはキャプテンからシフト表に基づくスタッフ配置図の認可を求められますが、必ずチェックするのは、その日の予約状況を見てスタッフの能力に応じて適正に配置されているかどうかを確認いたします。

　早番のキャプテンは毎日交代するのでキャプテンの個人差が影響しやすく、公平性であるかも見極めなければなりません。予約で個室がすべて埋まっている場合は、個室担当者が２部屋以上のかけもちでサービスを行うだけの技量を持った者が配置されているかどうか、あるいは逆に個室の予約が少ない場合は担当個室以外にホール席のエリアにも名前を載せてサービスを見させているかを、マネー

ジャーは注意深くチェックし指示を与えます。これは野球の監督と同じで、その日の対戦相手（予約状況）によってオーダーを組み直すことがマネージャーの仕事になるからです。

9章　メニュー戦略と予算管理

メニュー戦略を考える

　マネージャーはプランを立て、それをマネジメントしてゆかなければならない、と前節で紹介しました。

　レストランにおいて、プランの重要な柱のひとつ、それがメニューです。それでは、メニューとは何でしょうか。お客様からすれば、何が食べられるのか、いくらするのか、単に料理のリスト、お品書きでしょ？　と思われるかもしれません。しかし、プロにとってメニューとは、次のような役割・成り立ちのものなのです。

1. 料理や商品の内容や価格を示すカタログである。
2. 提供される商品の、質・量・味を表す契約書である。
3. 調理とサービスの作業内容と生産量を決定づけるものである。
4. 調理設備に制約・条件を受けるもの。
5. お客様とのコミュニケーションツールである。

【備考】
・利益を生まないメニューは作成してはならない。
・メニューの食材を変更する時には、同じカテゴリー内で行うことを原則とする。
　（例：肉類の変更は肉類で行う）

メニュー作成のために

　メニューを作成する上で、マネージャーには基準が必要です。良いメニューを作成するためには、8つの基準があるとされています。

1．色彩

　日本料理ほどではありませんが、中国料理には目で楽しむ要素は欠かせません。食材の色で季節を感じさせる場合もありますし、通年のメニューであっても、楽しく、食欲をそそる色であることは大切です。どれもこれも、似たような色合いの料理にならないよう、配慮が必要です。

2．食材（材料・材質・舌触り）

　色彩が「視覚」に訴えるものだとすると、料理の材質、特に舌触りは「食感＝触感」に訴える要素です。柔らかい物、硬い物、熱い物、冷たい物、滑らかな物、ざらざらした物、ねっとり濃厚な物、さっぱりした物、という具合です。多彩な食感の組み合わせによって、食事はいっそう、楽しいものになります。

3．風味

　風味を支える主な要素は「嗅覚」や「味覚」でしょう。味を決める調味料、塩、醤油、味噌、各種の醤（ヂャン）などに加え、香りをつける香辛料（花椒、八角、肉桂、五香粉など）。また、食材そのものの香りも大切です。さまざまな風味の物を偏りなく取り揃えることも、メニュー作成のポイントです。

4．形状

　液体・固体の違いはもちろん、まるごとなのか、細かく分けられた物なのか、大きいのか・小さいかなど、形状の違いも考慮しましょう。それによって、使う器や、取り分けるのか、各々なのか、サービスする際のオペレーションにも関わってきます。

5．調理方法

　これは分かりやすいと思います。メニューは調理方法によって大別されることが多いものです。サラダなどの生の物。焼いた物、揚げた物、蒸した物、煮込んだ物…など、多彩な調理法による料理が揃ったメニューは楽しいものです。中国料理店には、中には専門店もありますが（北京ダック専門店、小籠包専門店など）、一部のそうした店を除けば、バランス良く、さまざまな調理法の料理が揃っているのが望ましいでしょう。

6．バランス（調和）

　コース料理はもちろん、アラカルトであっても、上記の１～５が、バランスよく組み合わせできるように用意しておきたいものです。お客様から料理の内容について尋ねられたり、組み合わせの相談を受けることはよくあります。そんな時、１～５に配慮しながらお勧めできるようにしておきましょう。

7．バラエティー（変化）

　これは６のバランスにも通じるところがありますが、食事にも起承転結、変化があったほうが楽しめるというものです。色や形も、風味も調理方法も異なるさまざまな料理が次々と運ばれて来れば、それだけ食卓に変化がつきます。

8．栄養バランス

　バランス良く、健康的な食を提供するのも、外食産業のひとつの役割です。食材を栄養面からも考えて、バランス良く取り合わせ、配慮したメニューを開発するのも大切なポイントです。

　こうした基本を踏まえて、より良いメニュープランを立案するの

ですが、そこで受ける制約条件には、下記のようなものがあります。

A．レストラン店舗のハード面（調理設備、営業スペースなどの構造上）の制約を受ける物。
B．利益を生まないメニューは作ってはならない。
C．季節的要因で、仕入れできない食材を使わないこと。
D．ソフト面でサービス用の什器・備品がない物があるメニューは作らない。
E．F＆B（料理と飲み物）の売価に対して、コストが決定できない物は扱わない。

レシピと原価

　原価管理は、飲食ビジネスにおいて最も大事なポイントのひとつです。すべてのメニューの原材料を前もって計算することで、提供するメニューが予算と一致しているかどうかを、事前に判断することができます。

　レシピ、という言葉は家庭料理においてもよく知られています。レシピとは、調理法を記したカードのこと。ではこのレシピ、最初に発案したのは誰でしょうか。

　答えは、アメリカ海軍です。

　軍港に入港している時に、生鮮野菜や肉や卵など、すべての食材を積み込み、ひとたび出港すると長期にわたる海上生活が始まります。次の寄港地までは数か月。その間、乗組員の食生活を支える材料をなんとかもたせること。それがそもそもの始まりでした。第二次世界大戦前までは、明確なレシピが確立しておらず、時には次の補充までもたせることができずに食料が不足、調達に難渋したこともあったようです。

さて、現在のレシピには、調理法だけでなく、一人分の原価（コスト）を割り出す、という重要な役割もあります。特に調味料など、一人前の微々たる分量を算出するのが難しいものも、100人分の分量なら計算しやすくなります。大勢の食材を見積もり、原価を算出し、あとから100で割れば、一人分になる、というわけです。

次の表を見てください。これは鶏絲湯麺という料理のレシピです。

このレシピから読み取れることを基に、下記の質問に答えてみましょう。

ITEM		鶏　絲　湯　麺		
YIELD：100人分基準		PORTION：		
INGREDIENTS	UNIT	COST	TOTAL AMOUNT	TOTAL COST
ひな鳥	kg	800円	10kg	8,000
小松菜	束	120円	12束	1,440
麺	個	40円	100個	4,000
スープ	250cc	―	25ℓ	―
ガラ	kg	80円	15kg	1,200
塩	kg	70円	500g	35
調味料	kg	735円	500g	368
胡椒	g	4円	10g	40
				15,083
				151

※一人当たりのコストは、

　　総トータル ÷ YIELD ＝ 15083 ÷ 100 ＝ およそ151円

Q1．この鶏絲湯麺をフードコスト（原価率）22％として売価を設定すると、いくらになりますか？

解説：一人前コスト÷設定希望コスト（原価率）＝売価　となります。
この場合ですと、
一人前のコスト（151円）÷設定希望コスト（22％＝0.22）＝686.36円

Q2．オーナーの希望により、フードコストを20％に設定した時の売価はいくらになりますか？（メニュー価格）

解説：上記の設定希望コストを20％で算出すれば良いのです。
一人前のコスト（151円）÷設定希望コスト（20％＝0.2）＝755円

となります。

予算管理・歩留まり

　さて、メニューを考える上で、もうひとつ大きなポイントがあります。それは原価や予算をどのように設定して、どれだけの利益を上げ、どのように管理するかということです。前項でもレシピをもとに、原価について解説しましたが、もうひとつ重要なのが「歩留まり」です。

　歩留まりとは素材の使用可能量のことです。
1．使用原料に対する、製造品（この場合は料理）の比率。
2．食品とその原形物に対する、食べられる率のこと。

　歩留まり率は、
最終的に提供する時の重量　÷　調理前の原材料の重量　です。

マネジメント編

　例えば、真鯛を一尾（重量3kg）5000円で仕入れたとします。刺身にするために三枚におろし、真鯛の頭と中骨と尾を計ってみたら、1800gありました。
　ここで惑わされないようにしなければならないのが、食べられる量がどれだけあるのか、という点です。
　つまり、3kgから廃棄する1800gを差し引いた1200gが、5000円した、ということです。それを基準に、1人前の原価を計算しないと、大損になってしまいます。
　そこで、次の問題を考えてみてください。

Q. あなたはマネージャーです。次の牛肉のうち、どれを購入しますか？
　（ただし、部位や品質はどれも同じとします）

A　骨付きブロック　20kg　価格＝3000円　歩留まり率＝55％
B　骨なしブロック　15kg　価格＝3000円　歩留まり率＝85％
C　一人前200gにスライスしたもの　11kg　価格＝3000円　歩留まり率＝100％

解説：答えはBです。

A　20kg × 0.55（55％）＝ 11kg　3000円 ÷ 11kg ＝ 273円／kg
B　15kg × 0.85（85％）＝ 12.75kg　3000円 ÷ 12.75kg ＝ 236円／kg
C　3000円 ÷ 11kg ＝ 273円／kg

　となります。

売り切る食材・寝かせる食材

コストに責任を持つのが、料理長。
売り上げに責任を持つのが、マネージャー。
と説明しました。

コストの中でも、料理の原価に直結するのはいうまでもなく、食材です。いかに、安価でおいしい、優れた食材を仕入れるか。仕入れる量も適正でなくてはなりません。

食材について、最もよく理解し、コントロールしなければならないのは、料理長です。しかし、マネージャーも「知らない」「わからない」ではすまされません。

食材についての基本的なポイントとは
・速く回転させること（持ち越すと、鮮度も落ちてゆく）。
・在庫を減らすこと。
・無駄を減らし、廃棄食品を可能な限り減らすこと。　が重要です。

お金はそのまま寝かせておけば、銀行に預けることで増える可能性もあります。しかし、食材のように物になってしまうと、それ以上は増えないのです。食材は適正なものを、適正な量用意して、なるべく無駄なく、早く回転させることが大切なのです。

■旬の食材とイベント

例えば、野菜や魚介類などは、旬の時期の物が最も安価で、かつ、味もおいしいものです。そこで、季節性のある物なら、イベントを実施して、回転良く・効率良く、その食材が売り切れるように計らいます。また、イベントは年間の売り上げを分析して、売り上げが落ち込みがちな時期に実施します。例えば、冬なら「土鍋・煮込みフェア」、夏なら「涼麺フェア」といった具合です。

■季節感を利用する

　通常の料理に、食材で付加価値を付けることもできます。いつもの料理に、季節の素材（例えば、松茸、銀杏、栗、朝堀りのタケノコ…など）を組み合わせることで、商品の単価を上げることもできます。さらに季節を感じさせるメニューを通常のランチやディナーのコースメニューに抱き合わせることで、お得感や季節感を演出することもできます。

■利益率の低い料理を目玉にする

　原価率の高い料理、というのもあります。高級食材をふんだんに使ったからといって、一皿１万円も、お客様は支払ってくださるものではありません。現実的な価格設定をすると、原価率が上がってしまう。そんな時は、そのメニューを目玉商品にします。「１日限定○名様！」というわけです。売り切れごめんの目玉商品。お買い得感もあるし、どんなものだろう、と興味もそそられます。

　このように、通常の食材は仕入れから提供までをなるべく短くするのが定石です。が、一方で、寝かせる食材というものがあります。
　中国の食材に上海蟹というのがあります。これを老酒（ラオチュウ）に漬け込むのですが、おいしい状態にするには最低でも１か月は熟成させなければなりません。そこで、その時期を見計らってイベントを計画したり、あるいは「○月○日から、上海蟹フェア開催！」と予告して、お客様に告知を図り、楽しみにしていただく、ということも考えられます。
　寝かせる食材は、すぐには出せませんし、量も限られます。その分、限定感が演出できるので、イベントに結びつけやすいというわけです。また、寝かせる時期と食べごろの期間、売り時をしっかり見極める必要があります。過不足なく売り切れる量を仕込むことも

大切です。

売り切る食材と寝かせる食材。料理長と協力して、しっかり管理できるようにしたいものです。

食事の予測と材料の仕入れ

原価率と在庫管理について考える際、重要なのは適格な仕入れ量です。

来客数と必要食材量の計画を見積もるためにはどうすればよいでしょうか。

たとえばランチタイム。遠方からの予約客を除けば、近隣にお勤めの方、または在住の人たちが、限られた時間にやってくることになります。お勤めの人の昼休みが1時間だとすると、店との往復の所要時間を除いた時間が、在店可能時間になります。そこから割り出される地域のランチ人口を来店予測するのです。

なぜこのような計算が必要になるかといえば、
1．品不足や作り過ぎを避けるため。
2．フードコスト（原価）をコントロールするため。
3．経験と勘に頼らずに予測するため。
4．食事の傾向を知り、以後の計画に生かすため。
などの理由が挙げられます。

具体的に計算の方法をご紹介します。

例えば、次のような具合です。

来客数÷地域人口＝喫食率

例題）

（喫食率計算表）

	月	火	水	木	金
地域人口	1000名	1000名	1000名	1000名	1000名
予想喫食率	45％	40％	(40+42)÷2 =41％	(41+39)÷2 =40％	(40+41)÷2 =40.5％
予想来客数	450名	400名	410名	400名	
実際来客数	400名	420名	390名	410名	
実際喫食率	40％	42％	39％	41％	

　上記のように順次、計数を入れてゆく予想式を用います。

　このように来店客数を予想し、食材の仕入れ予想に役立てるというわけです。

食材仕入れの注意点

　仕入れは基本的に料理長の仕事だと思われがちですが、店全体に責任を持つマネージャーであれば、当然、大切な業務として留意すべきです。

・食材の必要購入量を把握する。計画的な仕入れができているのかを、常に確認する。
・食品品質基準による見積もり比較をチェックする。基準を満たす品質の物が予算内に必要量確保されているのかを確認。
・納品時の検品の徹底。発注通りの品質・量・納期が正しく守られているか。
・納品された食材の保管・処理・管理は適正に行われているか。

飲料仕入れの注意点

飲み物の仕入れについても、同様に注意が必要です。

・飲料は最初から高コストである

食材は仕入れの後、料理へと生産加工されるため、売価に対してコストコントロールしやすいのですが、飲み物は転売可能品として、仕入れた段階ですでに高コスト状態にあります。そのため、飲み物の品揃えを拡充したい一方で、常識的な売価設定に抑えるための制約も受けることになります。

・業者による納品見積もりには大差ない

アルコール飲料については、取り扱い指定業者を変えてみても、納品見積もりにさほどの差は生じません。メーカー自身が、その飲料から次の飲料に移行したい時期に、在庫をなくしたい場合、瓶の形状を変える場合、間に入る問屋が引き取って、小売店に流す場合などには、価格が安くなることはあります。また、メーカーが新製品の宣伝のために、一定期間安く提供する場合はあります。が、こうした例外を除けば、ほぼ差は生じないのです。

・大量仕入れしてもさほどのコストダウンにはならない

一般的に考えれば、一括に大量仕入れすれば、商品単価は下がるはず、と思われるでしょうが、ストックヤードを長期にわたって塞いでしまう（飲料の長期在庫状態）によるデメリットと相殺すると、大量仕入れにはあまりメリットがあるとはいえません。

ストックヤードの不動産的価値を考えて、適正なパーストック（必要在庫量）を決定しておき、それに準じた仕入れ・回転を心がけるべきでしょう。

・高コスト商品の売り上げ増が全体の原価率を上げてしまう

　料理に対して、飲料は高コストであるため、飲料の売り上げが伸びると、プロダクトミックス（アイテム別のコスト構成比の集合体系）の中で、全体のコストを引き上げてしまうことになります。低コスト＝利益率が高い、ということを意識しましょう。

什器・食器の管理

　食材の他に、レストランを構成する大切な要素として、食器や什器、グラス類の存在があります。

　ホテルでは、宴会部門、レストラン部門でそれぞれ使用される、すべてのカトラリー類や陶磁器類、グラス類、プラター（大皿）から、ローストビーフワゴンに至るまで、すべてを管理する「スチュワード課」という部門があります。

　このスチュワード課は、各レストランや宴会場にディッシュウォッシャー要員を派遣したり、各レストランや宴会場で破損した什器の補充、希望食器類の購入及び什器備品のメンテナンス・保守管理を一括で行います。

　街中のレストランや専門店の場合は、個々の管理となります。

1．銀器類の取り扱いと管理

- 空気に触れると酸化して黒ずむため、長期間使用しない銀製品はラップフィルムで密閉し、空気に触れないようにする。
- ナイフ、フォーク類は必ず柄を持ち、刃に手を触れないように。
- 小型のスプーンなど、食べ残しなどと一緒にゴミにしないように注意。
- 洗浄した銀器は、熱いうちにリネンで拭く。

2．陶磁器類の取り扱いと注意

・持ち運ぶ時は、表面に指紋をつけないように注意する。
・一度に大量の陶磁器類を運ばないこと。
・洗浄後に拭く時は、繊維の残らないクロスを使用する。

3．グラス類の取り扱いと管理

・脚付きの物は脚を、それ以外のタイプは底を持つ。
・下げる時は、グラスの内部に指を入れ、数個同時に持つなどをしない。
・昨晩の最後に洗浄されたグラスが乾燥して、洗浄液の跡が残っている場合は、バットにお湯を張り、グラスを逆さまにして湯気をあて、拭き上げる。
・お客様にお出しする前に、ひとつずつ汚れやホコリがついていないか、確認する。
・グラス類を磨く際は、専用のグラスタオルを使用する。
・グラス類は非常に薄く、壊れやすい。また、割れ口や破片によるケガが発生しやすいので、扱いには十分注意すること。
・グラス類を下げて、ラックに収納する際は早く目を離すと、グラスを落とし、破損する原因になりやすい。

棚卸資産回転率について

　棚卸のことを、INVENTORY（インヴェントリー）といいます。棚卸の集計表は、カテゴリー別に記入されなければなりません。肉類・魚介類・野菜・フルーツ・冷凍食品・グロッサリー（ソース、香辛料、漬物、醤油、缶詰、調味料、砂糖、塩、小麦粉、片栗粉など）・転売商品・麺類・ソフトドリンク・アルコール類・コーヒー・紅茶・中国茶…といった具合です。

こうした在庫は、適正な量が適正な回数、回転してもらうのが一番です。
　ここでいう回転率とは、ある一定期間内に、特定の商品が何回、置き換えられたかを示すものです。
　マネージメント上は、回転率が高いほうが好ましく、保有在庫量が適切であるかどうか、保有すべきでない在庫を抱えていないか、判断することが大切です。
　回転率が低くなると、それを補うために売上高を伸ばす、高価格のものを積極的に販売する、などの努力が必要となります。
　回転率が高いほうが、棚卸資産のために投下する資本（保管場所が小さい、冷蔵案件ならば光熱費も安価である、など）も少なくてすみます。では、回転率はどうやって算出するのでしょうか。

　　回転率　＝　販売に要した商品コスト　÷　平均棚卸残高

で割り出されます。
　例を挙げてみましょう。

例題） A店は、
　期首棚卸資産が80万円でした。
　期末棚卸資産は120万円でした。
　期首から期末までの間の、販売に要した商品コスト（食材費＋消耗品費）は400万円でした。

　平均棚卸残高は、期首と期末の平均ですから、
　　（80万＋120万）÷2＝100万円

回転率は、
販売に要した商品コスト(400万円)÷平均棚卸残高(100万円)＝4

つまり、在庫は期間中に4回転した、ということになります。

さらに棚卸にまつわる数式には以下のようなものがあります。

期首棚卸資産（期首の在庫）＋当期購入数量（期間中に購入したもの）－期末棚卸資産（期末在庫）＝当期消費量（期間中に消費した量）

材料使用量 ÷ 材料回転率 ＝ 平均在庫量

材料使用量 ÷ 平均在庫量 ＝ 材料回転率

在庫量 ÷（使用材料量÷計算期間）＝ 在庫量 ÷ 1日平均使用量
　＝ 材料回転期間

1日平均使用量（金額）の求め方は下記のようになります。

例題） 週間食材使用額（A）　　50万円
　　　　週間消耗品使用額（B）　15万円　として
　　　　A＋B＝65万円
　　　　65万円÷7日（1週間）＝92,858円（1日の運営に必要なコストの平均）

パーストック（Per Stock）

使用材料が1日のうち、平均して最小の場合と最大の場合を加算して2で割った数量があればよい、とする考え方です。

例題） 中華麺が、少ない日で150玉、多い日で200玉、消費されたとします。この場合、

(150 ＋ 200) ÷ 2 ＝ 175玉　となり、

一般的に、175玉をストック（在庫量）しておけばよい、ということになります。

　こうした計算式によって、さまざまなことがわかります。しかしその一方で、計算式にとらわれてしまうと、計算すること自体が目標になり、分析しただけで満足してしまいがちです。基本的には、前の項目でもご紹介した、

　お金は銀行に預ければ利息を生むが、食材それ自体は利息は生まないと考えます。

　つまり、食材から利息を生むために、料理や飲み物に変え、それを売り上げへと変えてゆくのですが、食材商品の在庫を少なくして、眠った資金を少なくすることこそが、目的なのです。

予算の作成と算出方法

　ここまで原価や歩留まり、棚卸など、飲食店の現場で動いているお金の話をしてきました。しかし、マネージャーは現場だけでなく、予算そのもの、全体にかかわる責任を負っています。そこで、予算作成の手順と算出方法について解説しましょう。

1．前年売り上げの詳細データを把握します。
2．本年度の営業目標が設定されている場合は、それが売り上げ目標となります。
3．対前年の総売り上げで、月別売り上げを割れば、月別売り上げ構成比率が出ます。

（1年の売り上げを100％として、月ごとの売り上げのシェアを見れば、各月が全体の何％だったかがわかる）
4．対前年の総入客数で月別入客数を割れば、月別の入客構成比率がわかる（3．と同様）
5．前年の特異な売り上げ増減や、入客増減の原因を分析して、本年度に加味する。
　例：昨年は近隣で大きな催しがあったため、その時期の売り上げ・入客数ともに突出したが、今年はイベント開催がないので、その分を加味する、など。
6．メニューの開発と改訂をどの時期に行うのか。効果的なイベントや拡販施策、入客数増加対策をどの時期に、どのように行うのかを考える。
7．本年度の基本的数値を作成するには、
　本年度の目標総売り上げに前年度の月別売り上げ構成比率を掛ければ、本年度の月別売り上げ基本目標値が出る。その数値に5．6．の条件を加えて調整する。
8．本年度の月別売り上げ、上半期売り上げ、下半期売り上げ、年度目標売り上げが算出されれば、そこからさらに月別に分析して、入客数を伸ばすのか、客単価を上げるのか、施策を練る。
9．前年実績の時間帯別売り上げと、入客数のそれぞれの構成比率を月別に、売り上げ目標と同様に算出する。
10．数値の他に、目標値の根拠として、顧客開発と管理システム、また、イベントの実施やサービス向上などの業務目標を立てて、マネージャーの営業方針としての資料を添付して、経営側に提出することが大切です。

マネジメント編

項目　　月別	単位	4	5	6	7	8	9	上半期計
営 業 日 数	日	30	31	30	31	31	30	183
席　　数	席							
利 用 客 数	人							
回 転 率	回転							
一人当客単価	円							
料 理 収 入	千円							
飲 料 収 入	千円							
サービス料収入	千円							
その他収入	千円							
室 料 収 入	千円							
装 花 料	千円							
商 品 収 入	千円							
席 料 収 入	千円							
雑 収 入	千円							
委 託 料	千円							
小　　計	千円							
合　　計	千円							
予　　算	千円							
増 減 率	%							
増　　減	千円							
増 減 累 計	千円							
一日平均売上高	千円							
F ＆ B	千円							
前年実績売上	千円							
増 減 率	%							
前年実績入客	人							
増 減 率	%							

9章 メニュー戦略と予算管理

10	11	12	1	2	3	下半期計	年度計
31	30	31	31	28	31	182	365

10章　調理場を知る

いうまでもなく、調理場の最高責任者は料理長です。しかし、店全体に責任を持つマネージャーは、調理場を熟知し、連携を図ることで、より良いサービスを実現せねばなりません。

調理場を知る

サービススタッフが冷蔵庫にビールを補充するとします。スーパーマーケットやコンビニでは、冷蔵庫の扉側から見て手前ほど消費期限の近い物、奥により新しい物、となるように入れるのが常識です。調理場もこれと同様で、消費期限の迫った物ほど、手前になるように入れます。そうすることで、食品のロスを減らし、誰が冷蔵庫を開けても、手前ほど古く、奥ほど新しい、というルールが決まっていれば、合理的に食材を消費することができるのです。

さて、マネージャーはどうするべきでしょうか。中国料理専門店にいたころは、朝出勤すると、私はまず、厨房に入って冷蔵庫を確認しました。そうすることで、料理長と同じ土俵で仕事ができるからです。早めに売り切るべき食材は何か。それを確認した上で、本日のお勧めを決めたりと、メニュー戦略や営業方針に反映させていたのです。

かつて中国人マネージャーがいたころは、お客様とマネージャーとで料理を打ち合わせ、その席のための料理リストをマネージャーが書き出して、料理長に渡していました。お客様は食べたい物をマネージャーに伝え、また、どんな物があるのか、何がお勧めなのか、マネージャーに相談していました。「〇〇のいいのが入ってきてい

ますよ」とか「この時期の〇〇は揚げ物にするとおいしいですよ」という具合です。そうして、前菜から主菜、デザートに至るまでを決めて、それを調理場に通達します。

そのためには、マネージャーが料理のことも調理場のことも、しっかり理解していないとこうしたサービスはできません。

現在では、特にホテルの中のレストランなどでは、西洋料理店がメインダイニングであることがほとんどです。マネージャーも人事異動で、たまたま中国料理レストランに配属になった、という人が珍しくありません。商品知識や調理場の特性が理解できていないと、結局、メニューに関してはすべて料理長におまかせ、ということになってしまいます。これでは、対等な連携は図れません。

調理場の事情

調理場は往々にして、単品料理の場合、同じ料理を一度に作りたがるものです。「範囲の経済性」といって、複数の商品をまとめて作ることで効率アップになるためです。

調理場には「デシャップ」という担当者を置きます。デシャップとは調理場の窓口のこと。客席からの情報を受け付け、調理場の状況をサービススタッフに伝える役割を果たします。デシャップの調理人は、鍋を振る人（実際調理している人）に対し、同じ料理をまとめて作るように指示します。例えば青椒肉絲が別々の席から全部で4食、オーダーが入っているとすれば、まとめて4食分作ったほうが1食ずつ作っているよりも合理的で速いというわけです。しかし、お客様の食事の進捗状況は、テーブルによってまちまちです。頼まれてもいない料理が出てくれば、ホールスタッフは差し戻すでしょうし、頼んだはずのものがなかなか出て来なければ、クレームに発展することだってあります。それでは調理場とホールが連携し

ているとはとてもいえませんよね。

　デシャップはホール側にもいます。サービス側のデシャップはキャプテン以上の黒服で、ある程度以上の権限と裁量をもって仕事に取り組みます。

　調理場とのオーダー伝票や料理のやりとりが少し間が開くと、腕まくりしていたシャツを直し、黒服をきちんと着て、営業スペース（ホール、客席）をさっと見回ります。各テーブルの進み具合をチェックしたり、料理と料理の間が開いてしまっている席はないかを見て回るのです。状況を把握したらすぐに持ち場へ戻り、再びデシャップとしての仕事を再開、スムーズにサービスが進められるよう、コントロールします。

　サービスエリアを担当するキャプテンも、メニューごとの通常の調理時間を把握せねばなりません。なおかつ、店の混雑状況に応じて、時間を加算してオーダーを入力しなくてはならないのです。お客様からのオーダーをすべて打ち込むのではなく、食事の進み具合に応じてコントロールしながら厨房へのオーダーを入力する。これには技量が必要です。アラカルトだけでなく、コース料理の場合でも、どのタイミングでいったん止めて、調理場に声をかけるべきか。そのタイミングが計れるようになって初めて、調理場との連携が生まれるのです。

　そしてホール側のデシャップが料理オーダーのコントロールするのは、お客様への順調な料理の提供とそのサービスが重要です。調理場に対しては同じ料理をまとめて作らせることは可能で、調理場のデシャップよりホール側のデシャップが主導権を持つことが大事で「範囲の経済性」を利用すればガス等の光熱費も一年を通して見れば、経費節約につながります。

繁忙期の調理場

　満席が続く繁忙期の調理場を見ていると、わかることがあります。鍋を振る調理人が横一列に並んで調理をしていますが、各々の前にあるガスコンロにはすべてに鍋がかけられ、一度に何種類もの料理を作っています。彼らの背後にはステンレスの作業台があり、お皿が並べられています。ひとつ料理が仕上がるごとに、調理人は鍋を持って後ろを振り返り、並んだ皿に盛り付けをしてゆきます。

　私が研修を受けていた香港の調理場は少し様子が違いました。ステンレスの作業台は同じですが、そこに漢字の「井」の形をした、がっしりとした木枠が置いてあるのです。調理人は仕上がった料理を、鍋ごと、その木枠に置きます。がっしりとして、丸い鍋底がちょうど「井」の字の真ん中に収まるので安定感もあります。また、ステンレスに直置きにするわけでもないので、熱をステンレスに取られてしまうこともありません。

　さて、ここからが日本と香港とで違うところです。香港の調理人は、鍋を木枠に置くと、鍋の持ち手とお玉をまるごと、作業台の反対側にいたスタッフの方に向けて渡してしまうのです。受け取ったスタッフは盛り付け担当。調理人から鍋とお玉を受け取り、即座に用意しておいた皿に盛り付けます。その間に、調理人は次の鍋とお玉を手にとって、すぐ次の料理に取りかかるというわけです。調理人は調理にのみ集中する。調理人から受け取った料理は、盛り付け担当が手早く、ベストな状態に盛り付けしてサービススタッフに運んでもらう。忙しい時には忙しいなりのやり方があるのが、一流の証です。優秀なスタッフほど、仕事を自分ひとりでは抱え込みません。例えばコース料理を作るにあたって、調理法が順に、蒸・炸・炒・煮・烤…とある場合でも、優れた調理人は、部下たちにそれぞれの調理法ごとに担当を割り振ります。そして自分はその中のひと

マネジメント編

つを受け持ち、その作業にだけ集中します。担当以外の仕事を人に割り振ることで、余裕ができ、全体の進捗に目を配り、コントロールできるようになる、というわけです。

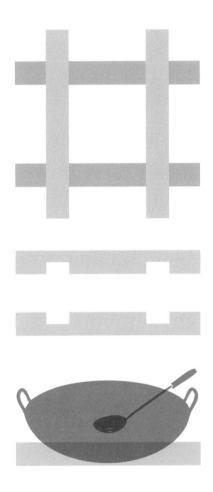

Column

調理場の共通言語

　日本のように狭い国でも、津軽弁のように聞き取りにくかったり、すぐには理解しにくい発音の言葉があります。ましてや中国は広大な国。同じ中国人でも、言葉が通じない、というのはままあることです。それをなくすために、共通語として北京語を学ぶわけですが、そもそも中国料理は多数の郷土料理の集合体。料理用語も、それぞれの地域によって、母国語の言語・発音で呼びならわされています。

　例えば、日本語でいう小エビは中国では「蝦仁」と書きます。北京語では「シャーレン」、広東語では「ハーヤン」、上海語では「ホーニン」と発音します。

　広東料理店以外の調理場では、蒸し鶏のことを「白油鶏（パイユーチ）」と発音し、棒々鶏の時には「バンバンヂ」と、鶏の発音が「チ」だったり「ヂ」だったりもします。本来は「ヂ」が正しいのですが。

　現在、ある程度の規模のあるレストランでは、ＰＯＳシステムが導入されています。オーダーは電子化され、キッチンプリンターで伝達されますし、データがすべてまとめられますから、食材の仕込みをする板場担当者にもそれは届けられます。一方、昔のレストランでは、調理場側の窓口であるデシャップが伝票を大声で読み上げて伝えていたものです。その声を聞いた板場担当の調理人は素材の仕込みにかかりますが、同じ「鶏」でも料理によって発音が同じだと間違いが起こりかねません。そうした習慣から調理場独自の中国語発音が生まれ、定着してきたのだと思われます。

マネジメント編

Column

卓上メニューにも一工夫

　私が若いころ、師匠の譚建為支配人から習ったことに、「宴席の主旨を理解して、ゲストをもてなして喜んでもらう。そのためには卓上メニューを工夫して演出しなさい」というのがありました。一例をご紹介しましょう。

熱盤雲白肉	ロンパァヌゥンパイロウ	ゆで豚肉のニンニクソースがけあたたかな前菜
烈火爆双脆	リーホウオパオスオンツェイ	豚マメと鶏肝の2種の強火炒め
歓喜香酥鴿	ハンシィシャンスーゴォ	食用鳩の上海風香揚げ
迎春清蒸魚	インチウンチンチェンユウイ	鮮魚の姿蒸し
中秋烤肥鴨	ツォシュウカオヒーヤー	北京ダック
島廻燴三鮮	タオチュオンホイサンシェン	鮑入り海鮮の煮込み
先駆佛跳牆	シェンツゥフォティアオジャン	特上スープ
生鶏絲炒飯	ションデースーツォーファン	鶏肉入り炒飯

　このメニュー表。右から左へと一文字目を並べると、

　　　熱烈歓迎中島先生

となります。

　今ではこのようなことをする店も減りましたが、昔はこのようなメニューを作ってお客様をおもてなししたものです。

11章　サービスの現場で

　ここまで、基本的な中国料理の成り立ちやサービスの基礎、マネージャーとして心得ておくべきことを紹介してきました。

　この章では、私が長年さまざまなスタイルの中国料理レストランで働いてきた経験から、ぜひお伝えしておきたい、現場でのエピソードやその対応について、ご紹介したいと思います。

予約から何を読み取るか？

　レストランにみえるお客様には、予約して来られる方と、予約なしで来られる方がいらっしゃいます。もちろん、どのお客様に対しても、誠心誠意のサービスをすることが大切ですが、予約をいただけると、そこからさまざまな情報が引き出せて、より良いサービスにつなげることができます。

　レストランの予約、というと、いつ・誰が・何人で、程度のものだと思われがちです。しかし、本当に良い店は、予約の時点からサービスは始まっているものなのです。

　では、お客様の予約にまつわるあれこれ、何が読み取れるのかを解説しましょう。

・食事に来られる「目的」を明確にする

　レストランによっては、個室がある店もあります。個室と一般席とでは雰囲気が違うのも当然ですが、部屋を利用することに意味や目的があったりします。

　予約の段階で、お客様が何を目的に来られるのか、それをつかむことが大切です。

予約なしに来られる方は、大抵が一般席にお通しすることになりますし、その目的はおいしいものでお腹を満たすこと。つまり、食事そのものが目的です。

しかし、予約される方、特に個室を希望される方の場合は、食事の他にも目的がある場合が多いのです。

電話などで予約を受け付ける際、ぜひ把握しておきたい点は次の通りです。

・日時
・人数
・参加者の年齢
・集まりに目的はあるか（接待・打ち合わせ・懇親・お祝い…など）
・会合に名称はあるか（○○会、○○定例会、など）
・「本日の御宴席」を出すか・出さないか？（※案内看板）

ざっと考えつくだけでも、これだけあります。

※案内看板について

ホテルの中のレストランの場合や、個室が何部屋もあるような店舗の場合、入口に「○○様御席」や「○○会　会場」といった案内表示を出すことがあります。

これは、お客様が迷うことなくたどり着けるための案内ですが、場合によっては「出さなくていい」「出してほしくない」という場合もあります。

・出さなくていい場合…初めての来店ではないし、もうわかっているから不要である。
・出してほしくない場合…接待の席なので、あまり知られたくない。

などが考えられます。

事前に確認もせず、当然のこととして看板を出してしまい、後から「出してほしくなかった」とクレームにつながったりしますので、先んじて配慮することが大切です。

お客様のどこを見るべきか？

「いいレストランだな」「また来たいな」と思っていただくポイントはどこにあるでしょうか。もちろん、料理の味が良いこと、その店にしかない何かがあること、は大切です。が、サービスの観点から考えると、
・ことさらに良い思い（気持ち良い経験）ができた。
・わがままを聞いてもらえた（便宜を図ってもらえた）。
そんな店ではないでしょうか。

前の項目で、常連さんはなぜ常連になってくださるのか、それは、わがままを聞いてくれる、融通の効く店であるからだ、と説明しました。

そしてその事情は、個人のお客様でも、企業や団体でも、基本は変わりません。

■カップル客の場合

デートで訪れたカップル。恋人またはご夫婦でしょうか。こうしたお客様の場合は、男性はよりスマートにかっこよく、女性はよりエレガントに美しく見えるように演出する必要があります。また、何よりもふたりのコミュニケーションが大切ですから、会話に集中できる環境も作って差し上げたいものです。

食事の演出はクロークから、すでに始まります。

日本の男性はレディファーストを勘違いしているケースがままあります。女性が着ているコートを脱ぐ・着るの手伝いをする、受け

取るのはホテルマンやサービススタッフの仕事だと思っている人は意外と多いものです。

　基本的には、まず、荷物を預かり、女性のコートを脱ぐ・着るの手伝いをするのは、エスコートする男性の役割です。サービススタッフは男性からコートを預かるだけ。

　男性がスマートに女性をエスコートできるようにするには、預かったコートと荷物を一度にどさっと返すような荒っぽいサービスではいけません。

　まずはコートをお渡しし、相手が着る（着せる）か、または手に持ったままとするか、決まるまで待ちます。一呼吸おいてから、お荷物をお渡しします。間違いなくすべて渡せたかどうか、忘れ物はないかも、一言添えて確認しましょう。

　カップルのお客様を席に案内する場合も配慮が必要です。周囲にビジネスマンばかりの席に恋人同士が案内されたらどうでしょう。ロマンティックな会話は弾みそうもありませんよね。カップルのお客様なら、なるべく静かなところを選んでご案内します。もし、窓から景色が楽しめる席ならば、ぜひ女性客を眺めの良い席に通して差し上げましょう。

■ビジネス客の場合

　人数にもよりますが、明らかにビジネスのお客様の場合、人数、性別、年齢、関係性を観察します。同じ会社の人たちなのか。取引先の関係なのか。誰が上司なのか、部下なのか。一見、立場のありそうな男性がいても、その人がその中で一番偉いとは限りません。大切な取引先の、若い担当者を接待しているところかもしれません。もちろん、ご予約いただければ事前に確認できるのですが、フリーのお客様の場合は、来店からご案内までのわずかな時間で、お客様同士の会話や身なり、持ち物からある程度の情報を得て判断します。

こみ入った話がしたいようなら、空いていれば個室をお勧めすることもあります。できれば、小さなお子さんをお連れの、ファミリー層の席のそばには、ご案内しないほうがいいでしょう。

　レストランのロケーション（ビジネス街にあるのか、郊外なのか。ホテルの中なのか、独立店舗か）によって、また、時間帯によって、来られるお客様のプロフィールもさまざまです。毎日の傾向を分析し、現れたお客様の様子から情報を得て、最適なサービスに努める。そのためには、観察力を磨いておくことが大切なのです。

オーダー時に起こりがちなこと

　常連のお客様はありがたい存在ですが、同時にわがままなものでもあります。常連のお客様ほど、コース料理は選びません。ア・ラ・カルトから選びたがり、さらにはメニューには載っていないものをほしがることさえあります。

　「この前、香港に行った時に食べた、あれがもう一度食べたいのだけど、作れない？」なんていい出す人もいます。

　そんな無茶なリクエストにまごつかないためには、どうするか。
・お客様のいっている料理がどんなものか、理解できること。
・リクエストに応えられるかどうかの判断を早めに下す。

などが大切です。では、そのためにはどうしたらいいでしょうか。
・料理への理解、知識を深めておく。
　→お客様のいう料理がどんなものか、知っているか知らないかで大違いです。
・調理場の状況を把握しておく。
　→今、どんな食材があるかを常に知っておく。また、料理長との人間関係を良好に築いておく。

メニューにない物を作ってほしい、などという無茶なリクエストにも対応できるよう、冷蔵庫の食材を把握しておくこと。無理を聞いてもらえるよう、料理長と友好な関係を維持しておくことです。

中国料理のメニューは、中国語で書かれています。
素材の名前と調理法が組み合わさったものが、中国語のメニューです。
例えば、青椒肉絲は細切り肉（肉絲）とピーマン（青椒）の合わせ炒め。自店の料理がどんなものなのか、何（素材）をどう調理したものか、覚えておくこともマネージャーの大切な仕事のひとつです。

昔の中国料理店では、注文を受けると伝票に書き込みました。自らの文字で書くことで、自然と料理名を覚えていったものです。しかし今、レストランにはPOSシステムが導入されています。出て来たリストからピッピッと選ぶだけ。これではいつまでたっても、覚えられません。料理を知らないマネージャーは、調理場からも尊敬はされません。
中国料理を理解し、調理スタッフと互角に渡り合えるマネージャーであるためには、料理の勉強を欠かしてはならないのです。

上手な料理の勧め方

メニューを理解し、覚えることの大切さは前項でご説明しました。
レストランのメニューの構成は、グランドメニュー（通年用意されている基本のメニュー）と、季節物（旬の素材を使った物）やお勧めメニュー（限定メニューなど）とで成立しています。
中国料理は、その国の広さに応じて、多くの地域の郷土料理に分かれ、民族ごとにも分かれています。その数は8000ともいわれて

いますが、日本の中国料理店のグランドメニューで居並ぶのは、おおよそ200ぐらいでしょうか。

　この200の料理を理解し、覚えられれば、たとえメニューに載っていない物をリクエストされても、応えられるのではないでしょうか。

■原価を把握しておくべし
　お客様からよく尋ねられるのが「お勧めは？」という質問です。相手の好みを伺い、それに沿ってお勧めするのが一番ですが、その他、季節感を味わえる物、旬の食材を使った物などは、特に勧めやすいのではないでしょうか。

　その時期だけの物、という特別感もあり、比較的売りやすいはずです。また、原価を把握しておくことや、今、その店の食材の在庫の状況などを理解しておくことも、メニューをお勧めする時の助けになるはずです。例えば、各料理の原価がわかっていれば、コース料理内の一部を、同じ原価の別の料理に差し替える提案だってしやすくなります。

■オーダーミスを回避するには
　お客様の注文を受ける時、まず気をつけなければならないのが、オーダーミスです。特にメニューがリストになっている時など、料理名が読みにくく、「これ」と指さしでオーダーされることがあります。そんな時は、指し示しているのが、その料理の行なのか、その上なのか。そこで間違いを回避するには、復唱するのが一番です。それもできれば「青椒肉絲」（チンジャオロース）ではなく、「豚肉とピーマンの細切り炒め」と、お客様に内容が理解できるように復唱すべきです。

■お客様に正しく理解いただくこと

お客様に料理をお勧めする際、注意したいのは「選んでもらう」だけではなく、「理解した上で選んでもらう」ことです。

例えば、つい先日香港から帰ってきた、というお客様がいらっしゃったとします。かの地で、広東料理が非常においしかった、ぜひまた食べたい。そこで覚えた広東語を披露するつもりで「パイチー」とリクエストされたとします。

しかし、ここが注意点です。

広東語で「パイチー」ならフカヒレです。が、少し発音が違って「パイヂー」ならば、蒸し鶏なのです。お客様が正しい広東語を使えているかどうか、頭に思い描いている料理と、私たちの判断が合っているかどうか、確認しないとトラブルになりかねません。

間違った中国語でなくても、齟齬は起きます。

「牛肉とピーマンの炒め物をください」といわれたとします。

メニューにそのまま記載されていたのなら、それを読み上げただけ、と判断すれば間違いありませんが、もし、その表記がメニューに記載されていないとしたら？

実は、中国料理には「牛肉とピーマンの炒め物」は何種類もあるのです。お客様は、そのどれをイメージしていらっしゃるのでしょうか。

いわゆる「青椒牛肉絲」で間違いないのかどうか、詳しく聞いて確認する必要があります。

■日本人のイメージと「本場の味」は違う

日本で広まった中国料理は、本国のそれはとだいぶん違う場合もあります。

日本の中国料理は、そもそも日本人に向けて作られたものです。

家庭でも気軽に作れるように、テレビの料理番組が、日本のマーケットで手に入りやすい食材を使ったレシピを作って流しました。そのように、アメリカでもヨーロッパでもアフリカでも、それぞれの国にある食材やその国の食習慣で対応できる料理だったからこそ、中国料理はこんなにも、世界各地で流行したのです。

　本来、中国料理は広い中国の、各地の郷土料理の集合体です。今では、地域を無視して何でもかんでも置いているレストランも珍しくありませんが、広東料理専門店では「麻婆豆腐」は頼まないほうがいいでしょう。麻婆豆腐は四川料理なので、広東料理専門店では専門外です。

　もし、お勧めは？と相談された時、そうした地方の違いをご説明した上で、ご案内・アドバイスできるようにしておきたいものです。

■追加オーダーのお勧めはタイミングよく

　甘い物は別腹、なんていいますが、お食事後のデザートを追加していただくなら、タイミングが重要です。すべての料理にいえることですが、料理を出すタイミングは、実に重要で、難しいものです。

　もちろん、お客様の食べるペースに合わせてお出しするのが、基本です。早過ぎてはテーブルに料理があふれますし、急かしているようで失礼です。しかし、遅すぎると満腹感が襲ってくるのです。

　お腹に料理が入ってから、満腹感を自覚するのには、タイムラグがあります。その時間を過ぎると、脳はお腹がいっぱいになった、と判断します。満腹感が自覚される前に、次の料理を出す。そうやって「食べ続けている」と、人間、意外とすんなり食事を続けられるものです。他方、一度満腹を覚えてしまうと、もう、追加オーダーは取れないと思った方がいい。リズム良く、満腹感よりも先に「デザートはいかがですか？」の一声をかけましょう。

マネジメント編

お客様の表情を見逃すな！

　サービススタッフの仕事をより良いものにするのに、欠かせないのが「お客様の表情に気を配る」ことです。そのためには、
１．店内をゆっくりと歩くこと。
２．全体を見渡すようにすること。
３．テーブルの上を常にチェックすること。
４．五感を働かせること。　　　　　が大切です。

１．店内をゆっくり歩くこと
　マネージャーはもちろんサービススタッフも、店内はゆっくりと歩くことです。ゆったり歩けば、全体を見渡す余裕もできますし、お客様にしてみれば、食事している後ろを誰かがせかせかと歩くのは落ち着かないものです。靴音をコツコツ鳴らして、スタッフが慌ただしく動き回るレストランで、のんびり食事が楽しめますか？

２．全体を見渡すようにすること
　誰かをじっと見つめるようなことは、するべからず！　人の視線というものは、意外とわかるものです。気になるお客様がいたとしても、全体を見るように、特定の一人を注視しないことです。また、視野を広く、全体を見渡すことで、どこかでイレギュラーが起こっても、気づきやすくなります。

３．テーブルの上を常にチェックすること
　空いたお皿がそのままになっていませんか？　オーダーしたものがまだ届かないテーブルはありませんか？　人の表情や動きも大切ですが、なにより各テーブルの食事の進捗に目配りすることが大切です。また、メニューを見ていた人が顔を上げた時は、オーダーし

たい時。食事中の人が顔を上げたり、周りを見回す時は、何か用事がある時です。すぐにうかがうようにしましょう。

4．五感を働かせること

　お客様のすぐそばをスタッフが通りがかった時、ふと、会話が止むことがあります。これは、人には聞かれたくない話をしている場合があるということ。そんな時は、そっとそばを離れ、必要のない時はなるべく近づかないようにしましょう。また、ホールの暑さ・寒さにも気を配りたいものです。冬の寒い時期、窓際のお客様が寒そうな場合に貸し出せるひざ掛けを用意するのもサービスのひとつです。また、真夏であっても冷房が直撃する席に女性や年配の方がいらっしゃる場合、状況が許すならば席の移動を提案するのもいいでしょう。音、声、暑さ・寒さ、サービススタッフは五感を働かせて、空間全体が快適であるかどうかチェックしましょう。

　とはいえ、マネージャーは通常、入口付近にいるものです。お客様のささいな変化には、気づきにくい位置にあります。そんな時、どうしたらよいか。それには、自分の代わりに、目となり耳となってくれるスタッフを配置することです。自分と同じように、目配りできるナンバー2、ナンバー3を配して、ある程度判断できるよう教育します。また、自分自身は入口付近にいても、どの席にどんなお客様が座っているか、室内の状態を把握しておく必要があります。

　マネージャーがホールに入っていくのは、お客様に挨拶をしに行く時です。その機会をとらえて、お客様のところへ向かう途中には、室内全体を見回しましょう。気になったことがあれば、ナンバー2、3に指示して対応してもらいます。サービスは、マネージャーを司令塔にした、チームプレイなのです。

マネジメント編

トラブルのパターンを学べ

どんなに避けたいと思っていても、起きてしまうのがトラブルというものです。ここでは、私が経験してきた「起こりがちな」トラブルについて紹介しましょう。

■待たせ過ぎ

「お客様は1回では怒らない」。これは経験上、覚えたことのひとつです。予約なしに来られたお客様は、店が混雑していればお待ちいただくことになります。店の入口に行列になることも、季節によっては珍しくありません。混んでいるのは一目瞭然ですし、予約していないわけですから、この段階で怒り出す方はそうはいません。気をつけなくてはならないのは、いよいよその方が着席し、オーダーをすませた後です。やっと座って、注文も決まり、やれやれと思っているところなのに、今度はなかなか料理が出てこない。こうなると、怒りの導火線は短いものです。また、同じメニューを注文しているのに、他の席のお客様に先に料理が出て来た場合。これもクレームの元になりやすいものです。

これはなぜ起きるかといえば、調理場で、同じメニューをまとめて作ることが多いからなのです。青椒肉絲の注文がいくつか入ったとします。厨房では、4人前まとまったところで作り始めましたが、そこへ追加でもう1つ入ってきました。途中から増やすことはできませんから、まずはその4人前が完成し、お皿は客席へと運ばれてきます。先に注文した人から配られますから、5人目の人には届きません。しかし、お客様はそんな厨房の都合は知りませんから、なぜ自分のところだけ来ないのか？と疑問に思うわけです。これが、入口で散々待たされた後なら、なおさらです。

→こんな時、どうするか。

　入口で長時間お待たせしたお客様をご案内する際には、必ず「お待たせいたしました」「お待たせして申し訳ありませんでした」の一言を。また、入口で待たされた方のオーダーが滞ることのないよう、厨房に状況を伝えることも大切です。そこで重要になるのが前述した「デシャップ」の存在です。デシャップは受け付けた注文をすべて把握し、厨房全体を見渡して進捗状況を確認します。また、出来上がってきた料理の盛り付けを確認したり、ホール係からホール内の状況を逐次教えてもらうのも、デシャップの仕事です。ホールスタッフ、特に黒服と呼ばれるチーフは、特に入口で待たされたお客様からの注文なので後回しにしないよう、デシャップを通してホールの状況を厨房に伝えます。デシャップは逆に、料理に時間がかかりそうな場合などあれば、チーフに「○分ぐらいかかるので、あらかじめお伝えしてください」と、厨房側の事情を伝えます。

　人間誰しも、状況がわからないまま、あてもなく待たされるとイライラするものです。もし時間がかかることがわかっているなら「申し訳ございません、厨房より、○分ほどお時間をいただきたいとの伝言でございます」とお伝えすれば、イライラがクレームにつながるリスクを少しでも減らせるはずです。

　お客様にイライラした様子が見えなくても、料理が届いていない席があるなら声をかけるようにするのも大切です。

　「○○はまだ来ませんか？　失礼いたしました。少々お待ちください。私が責任をもって見て参ります」。

　この一言で、お客様は「気にかけてもらっている」とわかり、安心するのです。

■料理をこぼしてしまう

　ありがちなトラブルの中で「待たせ過ぎ」に次いで多いのが、い

わゆる「ぶっかけ」トラブルです。料理をこぼす、にはいくつかパターンがあります。一番危険な魔の瞬間は、料理や飲み物をテーブルに置く時です。

・トレーから料理を出す時、バランスを崩して皿をひっくり返す。
・料理をテーブルに置く時、すでに置いてあったグラスに腕や袖をひっかけて倒す。
・会話に夢中になっているお客様が急に動き、腕や肩があたって料理をこぼす。

などが考えられます。

→こんな時、どうするか。

　何よりまず、意識を料理に集中させることです。トレーから料理をおろす時、テーブルに置く時、料理や飲み物から目を離してはいけません。確実に置くべき場所に置いてから、初めて目を離します。早く目を離し過ぎると、トラブルを引き起こしやすくなります。また、慌ただしく、やらねばならないことが控えていて、次のことばかり考えていると、意識が料理から離れてしまって、やはりこぼす・倒す、が起きがちです。

　一つひとつの皿や器を、確実にテーブルに置くこと。ただ置くだけではなく、置いてからそっと手を添えて、少し前に進めるようにすると、丁寧に見えて、さらに確実です。

　また、テクニックとしては、より安定した持ち方をすることです。トレーの上でも、重たい物、大きい物、背の高い物はなるべく手前、自分の体に近いほうに。軽い物、小さい物、背の低い物は手先のほうに置くと安定します。

　お客様が盛り上がっている席に配膳する時には、必ず一声かけるのもトラブル回避には大切です。「失礼します。○○でございま

す」と声をかけて、こちらの存在に注意を向けてもらってから物を動かせば、ぶつかる心配はありません。

それでも、こぼしてしまったら。

その時は、まずその場で即座に謝ることです。

やけどなど、ケガにつながりそうならば、すぐに状況を把握し、熱い物がかかった衣類を脱いでいただきます。また、手当が必要かどうか判断し、状況によっては救急箱を持っていく、氷を持って来て冷やす、などの応急措置をしましょう。

料理や飲み物が人にかかれば、当然、着ている物は汚れます。レストランがホテル内にあって、ランドリーサービスがあるような場合には、すぐに連絡をして、食事中に染み抜きやクリーニングしてもらうこともあります。即座な対応が無理な場合や、着替えられない場合には、お客様にクリーニングに出してもらい、後日、かかった費用を清算します。

いずれの場合も、その場でまず謝ること。また、トラブルがあったことをすぐにマネージャーに連絡、マネージャーが謝罪すること。

そのお客様がお帰りになる際に、菓子折りやお店で用意しているお土産品などをお渡しして、重ねて謝ること。後日対応（後日の清算や、クリーニングした衣類の返却など）がある場合は、その確認を明確にすることが大切です。

■**子供が泣き出した！**

小さなお子さんや赤ちゃんを連れたお客様で起こりがちなトラブルです。誰しもお腹が空いていれば機嫌は悪くなります。まして子供は我慢しません。また、食べたら食べたで、じっとしていられず、遊びたくなるものです。

そこで起こるトラブルとしては、大声を出す、泣く、退屈して騒

ぐ。果ては、席を離れてあちこち歩き回る、という場合も。ゆったり食事を楽しみたい他のお客様にとっては、迷惑でしかありません。

→こんな時、どうするか。

　小さなお子さんが来店した場合。可能ならば個室にお通しします。これでトラブルのかなりの部分は回避できます。個室がない、空きがない、などの場合には、まず、静かにしてもらうために、誰よりも先に料理や飲み物を出します。自分の前に何か出されれば、とりあえず興味がそちらに向けられ、泣いたり騒いだりがいったんは収まります。

　また、食事の途中であっても、個室や仕切りのある席が空けば、そちらに移動をお勧めします。

他店（ライバル店）を調べる

　マネージャーの仕事のひとつに「他店のリサーチ」があります。ここでいう他店とは、街のライバル店や、専門店街内の中国料理店のことです。

　新しい店がオープンした、とか、リニューアルした、という場合。必ず、試しに出かけます。そこで見るのは、店の雰囲気、味、サービスです。

　入店したら、まず、全体を見渡します。普段、自分たちがやっていることですから、サービスやオペレーションの良し悪しはすぐにわかるでしょう。

　他店をチェックする際の主なポイントは…
・スタッフの身だしなみ。
・言葉遣い。
・案内する時の手際の良さ。

・相手の状況に応じた声かけができているか。
・スタッフ同士が私語などしていないか。
などです。

　注文する料理については、なるべく同じ食材、同じ調理法・味付けの物を避け、生物、焼き物、揚げ物、煮物、肉、魚、野菜…とまんべんなく注文します。

　特に北京ダックのように、出されてから口に入るまでワンクッションある料理はチェックのしどころです。

　ホテル内のレストランのように、格式のある店では、サービススタッフが北京ダックをテーブルで巻いてサービスしますが、この時のサービスの仕方も、店によってかなりまちまちなのです。

　例えば、私のいた店では、北京ダックを皮で巻くには箸やフォーク、スプーンを使っていました。そのためには皿をテーブルやワゴンに乗せて行う必要があり、すべての作業はお客様の目の前で行われます。

　偵察に行ったある店では、箸こそ使いますが、皿を手に持ったまま。立っているスタッフが皿を手に持って作業しているのですから、皿の上の様子は、座っているお客様からは見えません。片手で箸、片手で皿を持っているのですから、当然、巻く作業は片手だけになります。じっと注意して見ていたら、箸で皮を持ち上げて巻く際、皿を持った手の親指で、折り返した皮を抑えるのが見えました。

　気をつけて見ていないと、気づかないことだったでしょう。しかし、皮で巻いて食べる料理を、指一本とはいえ、素手で抑えるのですから、見ていて気持ちの良いものではありません。

　こちらから視察に行く、ということは、こちらの店にも来ているだろうと考えるべきです。有名店の料理長やマネージャーは、業界

では名前も顔も知られていますから、見ればすぐにわかります。それでも、見知らぬ人が見に来る場合だってあり得ます。私たちは一人客には特に注意を払います。メニューをじっくりと隅々までチェックしていたり、きょろきょろと周りを見回している一人客がいたら、税務署員か、何かの調査か、もしかしたらライバル店のスタッフかもしれませんよ。

イベントはちょっとしたコツで「呼び水」に

　私が現役マネージャーだったころ、年に2回ほど、中国酒のイベントを仕掛けたことがあります。

　内容は、お客様に中国酒のボトルを1本、プレゼント、というもの。それも、1組1本ではないんです。お客様にお連れ様がいた場合、お連れ様の分もお出しする。二人連れならば、テーブルには2本のボトルが並びます。が、実際には顧客のボトルだけ開栓して飲んでいただき、もう1本のお連れ様の分はとっておくのです。栓を開けるまで、材料費は発生しません。さて、よほどお酒に強い方でない限り、結局は飲みきれなくて置いて帰ることになるのですが、それでも、店の印象は良くなるでしょう。

　やがてはそのお連れ様がリピーターになってくださる可能性だってあります。連れだった人が主客になって、また別の人を連れてくるだろう、と期待するわけです。顧客の分のボトルは、新規お客様紹介料ととらえればいいのです。そうすれば、サービス分の費用負担も、社内的にも説明がつきます。新規顧客獲得のための投資なのですから。

　さて、一方で、店専用のボトルも確保しておきます。中国酒イベントが終わった後、しばらくして、そのお客様がおみえになった時、

ボトルの中身を$\frac{1}{3}$にしておいて「先日のが残ってますよ」といってお出しするのです。

そうすると「あれ？ おかしいな。全部飲まなかったっけ？」となる。「だいぶん酔っておられましたから、お忘れになったんでしょう」と。そうするとどうなるでしょう？ $\frac{1}{3}$本じゃ足りないから、新規にまた１本、ご注文くださるのです。

これは技というか、長年やってきて体得したテクニックというか。それで喜ばれるのだから、悪い事ではないし、お客様に損もさせてはいない。いわば、オーダーを喚起するための「呼び水」です。

イベントを仕掛ける上で何が重要か。それは、イベントが終わっても、それだけで終わりではない。イベントを生かして、次につなげていくことが大切ですよ、ということなのです。

マーケット戦略を考える

このような考え方は、日本的なのかもしれません。私は長年、アメリカ系のシティホテルにいましたから、サービススタッフの立場であっても、マーケット戦略を考える癖がつきました。

アメリカ的合理主義です。そこに、精神論は通用しません。気合では勝負には勝てない、というわけです。

日米の野球の違いを見ていても、わかります。日本では100球以上であろうと、気合で投げろ、といいます。が、アメリカ野球は、どんなにピッチャーの調子が良くても、90〜100球で降板させます。それ以上投げたら、身体に不調をきたして、以後に悪影響があるからです。非常に合理的に判断する、それがマネジメントです。

指揮官というのは戦略、戦術を考えます。でも、その前に、戦技、戦うための技、というものが大切です。それが、第一線のウェイター、ウェイトレスには大事なことなのです。野球はチームプレイで

す。でも、そのチームプレイは、各自が自分のポジションで、自分の仕事をきっちりとこなすことが前提です。外野手も内野手も、どんな球であれ、自分のところへ来たら、確実に捕球する。難しい球を、いかに確実にとらえるか、それが各自の戦技です。高い技術を持った者がチームになって、それぞれの能力を発揮しながら連携する、それが理想的なチームプレイです。

　そのためには、自分の能力を知っておくことと、一緒に戦っている仲間の能力を知っておくことが大切です。

　レストランにも同じことがいえます。基本の戦技がないと、試合が組み立てられません。その上で戦術をどう考えるか。それは、現場を任された部隊長（＝マネージャー）が考えるべきことです。料理長は戦略を練ります。マネージャーは各自の戦技を把握した上で皆のモチベーションを高め、戦術を練ります。

売り上げのペース配分

　お店が非常に人気が出て、好調だとします。お客さんがどしどし来て、売り上げも上がっていきます。スタッフは忙殺されるけれども、士気も上がっていく。とても良い傾向です。しかし、だからといって、もっと上へ、もっとたくさん、と前へ前へ、と突き進んでいくと、いずれ成長が頭打ちになる時がきます。あるいは、いずれスタッフが疲弊する時もきます。

　調子の良い時ほど、スタッフを休ませる。休憩や食事をしっかりとる。その采配をするのもマネージャーの役割です。誤解してはならないのは、スタッフを甘やかしているのではない、ということ。休憩も食事も休暇も、働く人の権利です。それを守ってあげるのも、マネージャーの仕事です。気合や精神論を最前に押し出す考え方では、休む＝怠ける、という図式に陥りがちです。

いかに休憩を取らせるか、というのは大事です。

シフトというのも、早番6時間、遅番6時間、中番が12時間になることもある。それでも、休憩は確実に確保します。また、シフトの組み方も、公休日前は早番にしてあげます。すると、仕事が早く終わって、早く休みに入れる。そして、休み明けは遅番にしてあげるのです。すると、ゆっくり出社できる。いかに、プライベートな時間を有効に使えるか、各スタッフの立場に立って、考えてあげるのです。個人の時間をなるべくまとめて取れるようにしてあげると、オンとオフのメリハリもついて、本人のモチベーションも維持できます。

繁盛店の条件

前にも説明しましたが、各人がそれぞれの持ち場で最大限、能力を発揮するには、お互いの強み・弱みをよく理解し合っていることが大切です。オーナーシェフがサービスのことを理解している店は繁盛します。

もっと具体的に説明するなら、口先だけでなく、自分の持つ技能を態度に乗せて提供しなさい、ということです。

お客様が来ましたら、いらっしゃいませ、といいますね。それは実は、誰にでもできることなのです。人が入ってきて、反射的な「いらっしゃいませ」ではなく、一歩も二歩も前へ出て、「あなたをお待ちしておりました」という気持ちで「いらっしゃいませ」をいう。それが大事なのです。

サービスも同様です。ただ、飲み物や料理を運んでテーブルに置くだけなら、誰だってできます。さらに手を添え、言葉や笑顔を添えて、差し出せるかどうかです。

細かいことを指摘するようですが、「ありがとうございました」

は、おかしいのです。正しくは「ありがとうございます」。感謝の気持ちはずっと続いているのですから、過去形にしてはだめです。

社内会議に臨むには

マネージャーは中間管理職です。部下もいるけれど、上司や経営者もいる。当然、サラリーマンとして、会議にだって出席します。備えあれば憂いなし。予測を立てる、シミュレーションをする。データを手に入れる。そうした備えをした上で、会議に臨むことが大事です。

悲観的に準備して、楽観的に対処する。

これがポイントです。売り上げに責任を持つ立場上、会議で厳しい指摘を受けることだってあります。こういうことをいわれるんじゃないか、ここを突っ込まれるんじゃないか、と。悲観的なくらいに予測をします。そして、もしこういわれたら、こう説明しよう。こう求められたら、このデータを提示しよう、と準備をします。

現役時代、常々思っていたのは、判断に迷った時、自分の上司だったらどう判断するかな、ということでした。それも、直属の上司ではなく、さらに上の支配人、料飲部長です。自分よりワンランク、ツーランク上の人の判断に合わせよう。つまりはそれが経営判断なのです。経営的視点で判断すれば、すぐ上の上司も納得するはずなのです。

職場風土はマネージャーが作る！

長年いろんな立場から、レストランの現場を見てきていえることのひとつに、期待されながら管理者になった人ほど、失敗しやすい、というのがあります。

真面目で勤勉な働きぶりを見て「あいつなら大丈夫だろう」と、上の人が引き立ててくれて、マネージャーになる。そんな人がなぜ、失敗するのか。それは、彼らがマネージャーになる時、意識の切り換えに失敗するからなのです。

管理者になったら、もう平社員ではありません。残業手当はなくなります。

すると、中間管理職の手取り金額は、残業の多い平社員よりも低くなることがあります。部下に仕事を教えるのは手間で、自分がやった方が早い。けれど、後進の育成もしなくてはならないし、マネージャーとしての業務も責任もある。

結果、平社員のころよりも労働時間は長い。けれど、残業手当はつかないので、収入は下がる。「係長手当」は月に数千円分は付くけれど、自分の手間暇は、そんなものでは見合わない…。

この「不公平感」。

それこそが「平社員感覚から抜け出せていない証拠」です。

毎日、最初から最後まで、部下の業務を見届けるのが管理者です。誰よりも労働時間が長くて業務量も多い。むしろ部下よりも忙しい。

ここで一番大切なのは、その不公平感は、自分のものだ、ということ。会社なんて不公平なもの、社会なんて不公平なもの。でも、その不公平を引き受けるのは、自分が人の上に立つ仕事をする上で必要なことなのだ、と自覚することです。そして、一番やってはいけないのは、部下に不公平な思いをさせること。

休憩も休暇も、労働者の権利です。どんなに忙しくても、その権利だけは、確実に守る。それが信頼されるマネージャーになる第一歩です。

Column

現場にはいろんな人がいる

　社会に出ると、誰もが調理師学校や専門学校、あるいは大学を出ているわけではありません。

　学校では、業務の流れや優先順位のつけかたを教えてくれるかもしれません。けれど、現場にはいろんな人がいます。全員が同じ教育や訓練を受けてきたわけではない。また、基本は基本としながらも、その店独自のルールや優先順位がある場合もあります。

　そういう職場で、みんなが足並みをそろえて成果を上げてゆくにはどうしたらよいか。私はそんな時、オンザジョブトレーニング（OJT）に務めました。

　見習いや若手と、一緒に仕事をする。「お前、これ、やっとけ」では、人は育ちません。いろんな場面で一緒に働き、経験を重ねる。横で見ている彼らは、私の判断基準を覚え、経験値を上げてゆきます。

　お客様から見れば、レストランのスタッフは、新人もベテランも同じです。新人だから、と許されるものではありません。

　ホテルの場合は、3か月間、裏方仕事をさせました。そして3か月後、試験をします。試験というのは料理の説明ができる・できない、ではなく、ホテルの設備、サービスに関する知識を問うのです。

　例えば、自分の店ではない施設についての質問。明日の朝、和食の朝食は何時から食べられますか？　などです。宿泊客は、レストランのスタッフにも、お構いなしにホテルへの質問をしてきます。受けるであろう可能性のある質問に答えられるかどうか。それが、お客様の前に出せるかどうか、の基準であり、ホテル内レストランの特性ともいえるでしょう。

12章　本当の顧客管理

　マネージャーの大切な仕事のひとつに、顧客管理があります。時間通りに店を開けて、ただぼんやりとお客様がみえるのを待っているようでは、優れたマネージャーとはいえませんし、売り上げ目標の達成も難しいでしょう。
　店の置かれた状況や条件によって、顧客管理のやり方も考え方も違いますが、私の経験からお伝えできることを、解説してみましょう。

初めてのお客様と常連のお客様

　レストランのマネジメントに携わって長年経つと、次第に人の名前や顔を覚えるのが上手になってくるものです。
　お客様の立場に立ってみれば、ただ「いらっしゃいませ」といわれるよりも「○○様、いらっしゃいませ」と声をかけてもらったほうが、気持ちはいいはずです。
　しかし、初めてのお客様と常連のお客様、その対応をどのようにするかは、なかなか難しいものがあります。

■初めてのお客様の場合

　まず、予約して来られた方か、フリーで来られた方か、を確認しましょう。さりげない会話から「当店を選んでいただいて、ありがとうございます」と伝えながら、どこで店を知ったのか、なぜ選んでくださったのかをリサーチします。
　また、予約であれ、フリーであれ、大切なことは、積極的に声をかけてアットホームな雰囲気を演出することです。
　そうすることで、お客様とのコミュニケーションが生まれ、会話

の中からさまざまな情報を得ることができます。それをサービスに生かせば、より良いひと時を過ごしていただけるはずです。充実したサービスで存分に食事を楽しんでいただければ、また、次の機会にも利用しよう、という気持ちになってもらえる→新たなおなじみ（常連）になっていただける可能性が出てきます。

　ここでひとつ、失敗の事例をご紹介しましょう。
　あるお客様が、ランチタイムに来店します。その日が初めての来店です。マネージャーは気軽な会話から、お客様の名前と顔を覚えました。仮にＡさんとしましょう。
　しばらくして、今度は夜の時間帯に、Ａさんが来店されました。マネージャーは「Ａ様、先日はランチのご利用、ありがとうございました」と挨拶をします。すると、そのお客様のお連れ様が怪訝な顔をしました。
　実はその夜の席は接待の場で、Ａさんは招かれた側（接待を受ける側）だったのです。事前にご招待されていて、どんな店かと思い、事前にランチタイムに来てみた、というのが真相でした。
　接待する側としては「こんなおいしい中国料理店がありますから、ご招待しますよ」というつもりだったわけですから、相手がすでにこの店を知っていた、となると興ざめです。この場合、夜の宴席が接待の場であること、Ａさんが接待される側であることを把握していれば、そのような挨拶にはならずにすんだはず。来店するお客様にもさまざまないきさつがありますから、こうした配慮は大切にしたいものです。

常連のお客様という存在

　何度もご利用くださるおなじみさん。それが常連のお客様です。

では、そのお客様はなぜ、常連になってくださったのでしょうか。もちろん、その店の味が気に入った、そこにしかない料理がある、などの理由も考えられますが、私の経験上では、

・使い勝手がいい店だから。
・融通が効くから（わがままを聞いてもらえるから）。
という理由が大きいと思います。

　常連さんほど、事前に予約をしない、というのが私の実感です。混雑して、フリーのお客様が列を作っているような時に限って、ふらりと現れるのが常連さんです。

　さて、そんな時、どうするか？
　一般のお客様が行列しているから、最後尾に並んでもらいますか？
　それでは、常連さんは不満に思うでしょう。自分だけは特別だと思っている、それが常連さんという存在です。
　かといって、あからさまな特別扱いをすれば、お待ちいただいている方の心証を悪くします。トラブルに発展しかねません。
　そんな時、私ならこうします。

■解決策1　マネージャーの裁量で確保した空席に案内する

　店内が満席だから、待っているお客様が行列になるわけですが、私はマネージャーの裁量で、1卓は空けておくようにお勧めします（詳しくは97頁の項を参照）。
　その際、ご案内する時に大切なポイントがあります。
　人がたくさん待っている時に常連さんの顔がみえたな、と思ったら、わざと聞こえるように「○○様、ご予約ありがとうございます」といって、さも予約客であるかのように迎え入れるのです。そうすれば、行列を無視して案内しても誰も文句はいいません。

マネジメント編

　常連さんは怪訝な顔をするかもしれませんが、目くばせでもすれば、状況を見てご理解いただけるでしょう。
　「予約してないんだけど、席、ありますか」なんていわれる前に、封じ込めるのがポイントです。

■解決策２　どうしても席がない場合、バーやカフェに案内する
　ホテル内だったり、あるいは大きなビル内に店舗がある場合で、どうしても空席が確保できない時は、いったん、常連のお客様をバーやカフェにご案内します。列に並ばせて待たせるわけにはいきませんし、かといって席がないとなれば、どこか快適な場所で、ドリンクでも楽しみながら待っていただくのが一番です。
　そのためにも、日ごろから、同じ建物内にあるバーやカフェの店長やマネージャーと仲良くしておくことが大切です。
　また、ご案内の際にも「上階にバーがありますから、そこで待っててください」とはいえません。できればマネージャー自身がまず、案内先のバー（カフェ）に連絡をとり、事情を話した上で、同行してご案内します。そのためにも、どんなに忙しくてもマネージャーが持ち場を離れても大丈夫な体制を作っておくことも、ポイントのひとつです。

最後のサービスこそ大切に！

　ホテル内の中国料理店でマネージャーをしていた私は、それぞれのお客様への「最後のサービス」には特に気を配りました。
　最後のサービスとは？　それは、お見送りのことです。
　街中の、ごく一般的なレストランならば、レジでお会計がすんだら「ありがとうございました」と声をかけて送り出せば良いでしょうが、ホテル内の中国料理店は、少し事情が違います。

もちろん、個人のお客様、ご家族連れなどもいらっしゃいますが、個室を予約しての接待や商談、企業などで立場のある方々の社交の場であったりもします。

そうした方々へのおもてなしの際には、お出迎えとお見送りは最も重要なポイントです。

私は大切なお客様の場合、駐車場やホテルの玄関（車寄せ）まで同行してお見送りします。そして、お客様に同行する、このわずかな時間が、今後のお付き合いにつながる、大切なサービスのポイントになるのです。

例えば、クレームが出るのは、このわずかな時間であることが多いです。料理をこぼされたとか、注文が間違っていたとか、そういった内容はその場でクレームになりますが、

「今日ついてくれたサービススタッフは態度が良くなかった」
「〇〇の味が薄かった（濃かった）」

など、コンプレイン（意見・注文・不満）が会話の中に出てくるのです。

人間、歩きながらの個別の会話に、本音が出るものだと思います。そして、私の経験上、こうした耳の痛い指摘をしてくださるお客様こそ、再度来店してくださる確率が高いように思います。不満を口にする方のすべてがそうではありませんが、その店に期待しているからこそ、わざわざいうのだという側面があるのです（ただ、いいたいだけの人もいますが）。

そういう場合、まずはご指摘いただいたことに感謝してお礼を述べます。その上で、ぜひまたお越しくださるようお願いし、お見送りします。もちろん、店に戻ったら、指摘された内容を吟味して対策を考えます。

もし、お客様が初めて来店された方だった場合。あるいは常連さ

んに連れられて来た方が初めてだった場合。このタイミングで名刺をお渡しします。その方が以後、再来店してくださるか、常連さんになってくださるか、それはわかりませんが、その日の食事の印象が良いものだったかどうかを左右するのは、そうした気遣いであると思います。

お客様が常連さんだった場合は、次回のお話をします。例えば、
「この次お会いできるのは、奥様のお誕生日でしょうか」
「今度は〇〇様もぜひご一緒に、お連れください」
といった具合です。

こうした話ができるためには、お客様の情報を頭に入れておくことが大切です。

どんな会社のどんな立場の方なのか。家族は？　家族や本人の誕生日は？　といった具合です。人は「自分のことをよくわかってくれている相手」を信頼するものです。

リピーターを生むための工夫のひとつとして、お見送りのサービスを心にとめておきましょう。

顧客管理

前節で「お客様の情報管理が大切」といいましたが、顧客管理についてもう少し、詳しく紹介しましょう。

来店した方の家族構成まで、どうやって？　と思われるかもしれません。もちろん、わざわざ調査するようなことはしませんが、来店の時に伝わってくる情報をきちんと記録し、総合的に判断すれば、ある程度のことはわかるものです。

・家族の誕生日

ご家族の誰かの誕生日を当店で祝ったことがあれば、おおよその

家族構成と誕生日、もしかしたらお名前がわかる場合もあります。予約を受ける際、誕生日であることがわかるならば、ケーキをご用意したりする場合もあります。その時に、誕生日の人の名前や誕生日の日付を確認することは不自然ではありませんし、常連客とどういう関係にある方なのかもわかります。そこで得た情報は、顧客情報として記録に残しておきます。

・好き嫌い

　食べ残しがあれば、それは嫌いな食材であった可能性があります。特定の食材だけが取り分けて残されていれば、明確にそれは嫌いな物なのでしょう。より分けられているでもなく、ただ、料理が残っている場合は、もしかしたら料理自体があまり好みではなかったか、満腹なのかもしれません。いずれにせよ、誰が・何を・どのくらい残したか、これも記録しておきましょう。なお、お皿にまだ物が乗っている状態ですから、下げる前に「こちらはお下げしてもよろしいですか？」の一言を忘れずに。大好物を最後まで残していた可能性だってあるのですから。

・同伴者との関係

　常連のお客様（男性）が女性を連れてくる場合。これはちょっと注意が必要です。奥様なのか、ガールフレンドなのか…。もちろん、げすの勘繰りは禁物ですが、できれば奥様の顔と名前ぐらいは把握しておきたいものです。妻と恋人と、デートをするなら別の店に連れて行ってくれればいいものの、同じ店に連れて来られるのですから、スタッフは緊張します。こちらは「奥様のお好み」と「ご友人のお好み」をきちんと把握するように努めましょう。間を開けずに別の女性と訪れた場合でも、「いついつ、いらっしゃいましたね」などと、最近来店があったようなそぶりは見せないことです。

・接待先の企業研究も

　企業対企業の、接待の席でも、顧客情報は重要です。私がマネージャーをしていたころ、『会社四季報』は欠かせませんでした。例えばお得意様のＡ社が、Ｂ社の接待をしたい、と予約が入ったとします。まず、Ａ社のご担当者様からＢ社にまつわる情報をいただくのはもちろんですが、独自にＢ社について調べます。どこの会社の系列なのか。食品産業に関わりはないか。神経質になり過ぎても、対応しきれるものではありませんが、例えばお出しするビールの銘柄ひとつとっても、系列企業に配慮した銘柄にするなどの気配りができます。

お客様の会食を成功させるために

　顧客にもさまざまあるのは、ご説明しました。個人のお客様も、法人のお客様も、あるいは団体のお客様も、いずれも大切な顧客ですが、いずれの場合も心しておかなければならないのは、お付き合いが発展する可能性を秘めている、ということです。
　個人で訪れて食事をされた方が、次は家族の集まりや友人との会食に使ってくださるかもしれません。ごく小規模な接待の席で気に入られ、会社の大きなパーティの会場に選んでくださる可能性もあります。特に大切なのは、お客様が別の誰かをもてなす、接待の場面に選ばれた時です。
　サービススタッフが、お客様の会食を成功に導くためにできることはたくさんあります。サービススタッフはいわば演出家。サービスを通して、お客様のもてなし・接待の心を最大限効果的に伝えるのが務めです。具体的な例を挙げながら、そのポイントを説明しましょう。

■席次の工夫と配慮

　個室の予約をいただいたとします。その席の目的は大切な接待だとしましょう。ここで大切なのは、まず席次です。

　接待の幹事（ホスト）が席次を理解していないことは、珍しくありません。そこでまず、事前に幹事さんと打ち合わせをします。

・当日、来られる方の人数、お名前、役職、年齢（わかれば）。
・主賓は誰か。次に偉いのは誰か。ゲスト側全員の序列。
・ホスト側の人数と名前、役職、年齢、序列。

　それに従って、客室内での席次をお教えします。

　そして、お料理の出る順番、サービスの順番は上座から下座へと順に行うことなどを説明し、当日、スムーズにサービスできるようにコンセンサスを得ておきます。

　この確認を怠ると、当日大変なことになりかねません。特に危険なのは、ホストが常連客だった場合です。経験の浅いサービススタッフにとっては、常連＝大切なお客様です。しかし、それが接待の場で、常連客がホスト側だった場合、その日、その場で一番大切なのは、常連客ではなく、もてなされる側の主賓なのです。

　それを知らずに、常連客が案内してきた団体客だ、とだけ判断して、自分の思う一番偉い人＝常連客を上座に座らせてしまう、という失態が起こる場合もあります。

　サービスは一人で行うものではありません。

　他のサービススタッフは当然のように、上座から下座へとサービスを始めます。接待の席であるにもかかわらず、ホスト（幹事）に真っ先に料理が運ばれるような事態が起きてしまうのです。

■ライバル同士を会わせない！

大きなホテルの中のレストランだったり、あるいは大きな展示会場や会議場に近いレストランでは、時々起こるのが「ライバルがばったり出会ってしまう」アクシデントです。何か大きな展示会や発表会など、イベントの後、手近な場所にあるレストランで接待の席が設けられることはしばしばあります。誰が誰にアプローチして、接待をしていたのか。それはビジネス上の大きな情報ですから、本来ならライバル会社には知られたくはないものですが、同じ日、同じ時間帯に、ライバル会社の会食の予約がバッティングしてしまう可能性もあります。

そんな時どうするか。

まず、予約の段階で、ライバル企業の接待の席が入っていないかどうかチェックしましょう。例えば、自動車ショーの後で、日産とトヨタの予約が入っていないか、というような具合です。そしてもし入ってしまっていたら。予約の時間をずらすことができるならば、30分でもいいので、ずらしましょう。それができないならば、サービスの力で、廊下やホールで鉢合わせしないようにタイミングをずらすのです。

それぞれの宴席が2時間の予定だったとして、お帰りになる時間がぴったり同じ、というような場合。出入り口で鉢合わせする可能性が高くなります。そういう場合は、A席のスタッフとB席のスタッフとで示し合わせて、お帰りのご案内の時間がずれるよう、サービスのスピードに差をつけて時間差を作り出します。

■スローサービスとクイックサービス

ゆったりと料理の説明をしたり、スタッフが取り分けて見せるなどして食事を楽しんでいただくのがスローサービス、てきぱきと効率よく料理を配膳し、食事の進行を早めるのがクイックサービスで

す。時間がどんどん押して、次の予約が迫っているような場合は、さりげなくクイックサービスに切り換えるなどして、時間短縮を図ります。

このテクニックを使って、ライバル同士が鉢合わせすることのないよう、両宴席のスタッフ同士連携するのです。

■ **企業のパーティの場合**

企業がマスコミ向け、または顧客向けに新製品の紹介をするために、パーティを行うケースがあります。これは小口の接待ではなく、人数も多く、規模の大きな宴席となります。さて、そんな目的でパーティをしたいのだ、というお客様が相談にみえたら、どう対応しましょうか。

お客様の目的は、お世話になっているマスコミの人たちや顧客をおもてなししながら、新製品をしっかりと理解し、認識してもらいたい、ということです。

その目的を達成するお手伝いとして、サービススタッフにできることは何でしょうか。

私が経験した事例で説明しましょう。

紹介したい商品がどんなものなのか。比較的安価で、手軽に、気軽に接してもらいたいものなのか。それとも、高価で高級感のあるものなのか。また、商品開発の意図や商品の特徴をしっかりと理解してもらいたいのか、とにかく手に取って、触れて、体験してほしいのか。具体的な目的をお聞きします。

その上で、次のように提案します。

・商品が気軽な物で、とにかく手に取って体験してほしい場合

パーティを立食形式にします。会場内に展示ブースを設け、料理を取りに行くついでに、気軽に立ち寄って体験してもらいやすい雰

囲気を作ります。立食パーティは人が動きやすく、会話しやすいという特徴を生かした場面づくりです。

・高級感のある商品で、商品の内容や開発意図をしっかり理解してほしい場合
　パーティの内容を、着席式で、格式のある雰囲気にします。ホスト側のプレゼンテーションをじっくり聞いてもらいたい場合は、お食事の前、または終了後に、アピールタイムを確保します。そのスケジュールに合わせて、サービスのスピードも調整し、食事やおしゃべりが散漫になることなく、説明に集中できる雰囲気を作り上げます。

　このように、お客様の目的を詳しくリサーチして、最善の提案ができるのが、優れたマネージャーといえるのです。

13章　商品衛生と安全管理

　前にも書きましたが、飲食店にとって、おいしさや便利さよりも、何よりも優先されるべきは、安全性の担保です。それは中国料理に限らない話ではありますが、マネージャーの立場に立つ者が、どのような責任を負わねばならないか、確認しておきたいと思います。

衛生管理の概要

　ＷＨＯ（世界保健機関）では、食品衛生について「食品の生育、生産、製造を経て、最終消費に到るまでの全過程にわたって、その安全性、健全性、衛生性を保証するために必要なすべての手段」と定義しています。つまり、まとめると、
・食品は材料の段階から、消費者の口に入るまで、すべての段階で安全でなくてはならない。
・食は人間の健康や命に直接影響するものであり、あらゆる手段を使って、その安全性を確保しなくてはならない。
ということです。
　日本にも「食品衛生法」という法律がありますが、その適応対象は食品（すべての飲食物）だけでなく、食品添加物や調理に使用する器具、容器包装、おもちゃ、洗剤なども含みます。
　日本の憲法には「国はすべての生活場面について、社会福祉・社会保障・及び公衆衛生の向上及び増進につとめなければならない」としていて、食品衛生法はその精神をさらに具体的に定めたもの、といえるでしょう。その法律の目的は「飲食に起因する衛生上の危害の発生を防止する」ことにあります。
　食品の表示偽装の問題や異物混入など、食を取り巻く事件の数々

に、消費者の注目が集まっています。「食の安全」への意識が年々高まっているのです。

ここからは具体的に、衛生管理の実際について解説しましょう。

■環境を整える

１．施設の衛生管理の基本

料理を作り、提供するための作業に必要な施設は、定められた作業区分によって分けられます。

原料、食材、梱包資材、前処理、調理加工、計量、調整、盛り付け、包装、保管…などの作業区分がありますが、それぞれの場所で扱う食品や器具、計器類、什器や備品の整理・整頓をすること。清潔に保つこと。これらは食品を扱う人間としての基本的な条件です。

２．作業動線と広さ

作業場の広さと、そこで働く人の動きはとても重要です。人の動き（動線）と物の動き（物流線）が複雑で集中しやすい場所では、どうしても品物の扱いが乱雑になったり、不衛生になりがちです。それぞれの作業場には什器や器具類、容器などがありますし、仕掛り品（作りかけのもの）を一時的に置いておくスペースなども必要です。もちろん、各人が作業するために必要なスペースも確保されねばなりません。各区分のスペースが十分に確保され、人と物の動きが円滑に作用する場所であること、そしてその場が清潔に管理されていることが大切です。

環境整備のためにマネージャーがなすべきこと

整理整頓は、すべて人が行うことであり、各人の心がけです。そのため、スタッフ全員に対する衛生教育をいかに徹底させるかが、責任者であるマネージャーの大切な課題です。安全衛生の基本を守ることが大切です。

13章　商品衛生と安全管理

1．整理
2．整頓
3．清掃
4．清潔
5．習慣

具体的には、
・調理場の床、ガス台周り、周囲の壁、排水溝の洗浄を徹底する。かつては調理場の床は水を流すのが主流でしたが、現在では洗浄の後、モップなどで床を拭き取り、足を滑らせることのないよう、安全性が重視されています。
・冷凍庫・冷蔵庫は食材を種類ごとに収納。定期的に庫内の霜取りや洗浄を行うこと。
・瓶や缶、生ごみ、プラスチックなど、廃棄物を分別し、決められた場所に整理しておく。
・害虫駆除は定期的に実施。ネズミやハエ、ゴキブリなどの害獣や害虫が入り込まないよう、施設に目を配り、問題点を改善する。
・調理場に隣接する場所に、洗剤やガス缶、ガスボンベを置かないこと。
・食器やグラスのラックを床に直接置かない。
・労働衛生保護具（マスク、手袋、ヘアネット、帽子など）の着用を徹底させる。
・小さなゴミも、見つけたらすぐ拾って処理する習慣をつける。
・食品を容器に移し換えた場合は、必ず内容物を明記する。
・スタッフは定期的な健康診断（検便を含む）を受ける。
・常に整理整頓、後始末を完璧に行うこと。
・それを習慣づけること。
などが挙げられます。

ただ、片づけろ、整理整頓しろ、清潔にしろ、とだけいい続けても、なかなかその意識は浸透しないかもしれません。衛生教育とは、それを怠った結果、どんな危害が引き起こされるかを自覚させ、有効な対策をとるよう指導することが大切なのです。

■衛生管理の不備が引き起こす危害
●食中毒

不衛生から引き起こされるトラブルといえば、真っ先に思い浮かぶのが食中毒ではないでしょうか。食中毒とは、食中毒を起こす微生物が食品に付着、または増殖した飲食物が人の体内に入ることで引き起こされます。また、有害物質（自然毒を含む化学物質）を含んだ飲食物を摂取しても引き起こされます。

微生物によって起こる食中毒の場合、その微生物の量が問題になります。大人か子供か、あるいは個人差もありますが、一般に食中毒を引き起こす菌数を超えると、発生します。そして菌が増殖するためには、栄養・温度・水分の3つの条件が必要になります。

食中毒には細菌性のものとウイルス性のものがあります。

細菌性食中毒は、発生のメカニズムによって、
・感染型（組織侵入型）
・毒素型
に分けられます。

・**感染型**

原因菌が下部消化器官（小腸や大腸）に侵入して増殖し、さまざまな腸炎症状を起こします。菌が増殖するまでに一定の時間がかかるため、毒素型よりも潜伏期間が長く、菌の侵入から発症まで6～8時間かかります。

・毒素型

　体内に侵入した細菌が毒素を産生し、その毒素が消化器官などに作用して起こります。食品そのものに菌が付着・増殖して、そこに発生した毒素を食べてしまう場合と細菌が腸管に入ってからそこで増殖、毒素を産生する場合とがあります。感染型に比べて潜伏期間が短く、症状はおう吐や腹痛です。あまり発熱しないのも特徴です。

【細菌性食中毒の代表的なもの】

1．サルモネラ食中毒（感染型）

　原因となるサルモネラ菌は熱に弱く、低温には強いという性質があります。食品を長期にわたって冷凍保存しておくと、菌がそれだけ長生きすることになるため、菌の増殖を防ぐには、調理後は速やかに食べてしまうことです。

　発生多発時期：夏期

　潜伏期間：8～48時間

　主な症状：おう吐、腹痛、発熱（38℃前後）※1～2日、高熱が
　　　　　　続く場合は注意が必要。

　予防策：卵は購入後、すぐに冷蔵保管。生食する場合は表示期限
　　　　　以内に。
　　　　　卵を割ったら、すぐに調理し、早めに食べること。割り
　　　　　置きは絶対にしない。
　　　　　肉類は低温で扱うこと。
　　　　　調理の際の加熱は十分に行う。
　　　　　ネズミ・ハエ・ゴキブリの駆除を十分に行う。

2．腸炎ビブリオ菌食中毒（感染型）

　腸炎ビブリオ菌は海水と同じ、3％程の濃度の食塩水の中で最もよく生育する好塩菌で、その増殖速度は他の菌に比べて速いのが特

徴です。好塩性のため、真水には弱く、耐熱性もありません。60℃で15分加熱、または100℃の加熱ならば数分で、ほぼ死滅します。また、5℃以下の低温では増殖しません。

生鮮魚介類が原因になる場合と、魚介類の細菌がまな板やふきん、包丁などを介して他の食材に移って原因となる場合があります。

発生多発時期：夏期

潜伏期間：8〜15時間

主な症状：強烈な腹痛、下痢、脱水症状

予防策：調理場の清潔維持。

　　　　まな板など、調理道具の熱湯による滅菌処理。

　　　　魚介類は調理前に水道水でよく洗う。

　　　　魚介類に使用した調理器具類はよく洗浄、消毒して二次汚染を防ぐ。

　　　　まな板やふきんは魚介類専用のものを使う。

　　　　菌の増殖を抑えるため、わずかな時間でも冷蔵庫に保管する。

　　　　生食用の魚介類は10℃以下（品質上問題なければ4℃以下）で保存。

　　　　加熱調理は十分に（60℃で4〜5分を最低とする）。

3．黄色ブドウ球菌食中毒（毒素型）

原因菌はエンテロトキシン（耐熱性毒素）を産生する黄色ブドウ球菌で、この細菌自体は、自然界に広く分布しています。ブドウ球菌が食品中で増殖する際にエンテロトキシンを放出し、それを食べることで食中毒が発症します。ブドウ球菌そのものは80℃で30分ほど加熱すれば死んでしまいますが、エンテロトキシンは100℃で30分加熱しても生きているほど強いものです。食品に触れる人間の手などに傷がある場合、ブドウ球菌が食品に移り、感染を引き起

こすことがあります。

　発生多発時期：通年

　潜伏期間：3時間程度

　主な症状：腹痛、発熱、激しいおう吐、下痢

　予防策：手指に切り傷や化膿傷のある人は食品に触れない・調理
　　　　　をしない。

　　　　　手指の洗浄・消毒の徹底。

　　　　　食品は10℃以下で保存。

　　　　　調理に当たっては、帽子やマスクを着用する。

4．ボツリヌス菌食中毒（毒素型）

　ボツリヌス菌は人や動物の腸管の中や土の中に棲みついていて、そこから産生される毒素にはA型からG型まであります。このうち、人間が食中毒を引き起こすのは、A，B，E，Fの4種類といわれていますが、この毒性は熱に弱く、100℃で4分加熱することでほとんど不活性化されます。

　かつて、1984年（昭和59年）、真空パックされていた辛子れんこんを食べた人が食中毒を起こし、発症した36人中11人が死亡したという事件がありました。

・辛子には殺菌作用があると思われていた。

・真空パックは安全な食品保存の方法だと思われていた。

という点から、この出来事のショックは大きなものとなりました。

　調査の結果、

★ボツリヌス菌は嫌気性（空気を嫌う性質）のため、真空パックで
　空気を遮断したのが逆効果となった。

★辛子の殺菌作用は揮発性の性質によるものなのに、真空パックに
　したことで揮発せず、殺菌効果がなかった。

ことがわかりました。

発生多発時期：通年

潜伏期間：8～36時間

主な症状：おう吐、視力障害、言語障害などの神経障害→重症化すると呼吸麻痺が起き、死亡することもある。

予防策：真空パックや缶詰の食品は、容器が膨張していたり、食品に異臭がある場合は決して食べない。

真空パックの食品は表示を確かめる。「空器包装詰加圧加熱殺菌（レトルトパウチ）」や大部分の缶詰は120℃で4分以上加熱されているが、単に真空包装しただけの物もあるので注意。

缶詰、瓶詰、真空包装食品などの保存食品を調理する場合は清潔で衛生的な原材料を使用する。

5．腸管出血性大腸菌食中毒（O－157）（毒素型）

　ここ数年、何かと話題に上った食中毒です。原因菌はO－157：H7型という大腸菌の一種。産生される毒素はベロ毒素と呼ばれ、腎臓や脳に重篤な障害をきたす可能性があるほどの強い毒素です。菌の感染力は赤痢並に強いともいわれ、原因の究明も難しいというやっかいな中毒です。

発生多発時期：通年

潜伏期間：4～8日　比較的長いため、原因がわかりにくい

主な症状：初期症状は腹痛を伴う水溶性の下痢→下痢の悪化により腸壁がただれ、出血により血性下痢になることもある。体力の弱い乳幼児や基礎疾患のある老人などは重症化することもある。

溶血性尿毒症候群を併発する場合もある。腎臓への影響で尿が排出されにくくなり、やがては脳や神経にも作用し、意識障害を引き起こし、短期間で死に至る場合もある。

予防策：生野菜はよく洗い、食肉類は中心部まで十分に加熱する。
調理器具は十分に洗浄。熱湯または塩素系消毒剤で消毒する。
水道管直結以外の水を飲用あるいは調理に使用しない。使用する場合は必ず年１回以上の水質検査を受ける。
ビルなどの貯水槽の清掃、点検を定期的に行う。
発症した患者がいる家では、二次感染予防のため、糞便や吐しゃ物に汚染された衣類などの取り扱いに注意する。

備考：特に牛の腸内部に菌が生息していることが多く、牛肉のユッケなど、生、あるいは加熱不足による食中毒が発生しています。
Ｏ－157のほかにも、Ｏ－26、Ｏ－111などの細菌があり、同様の症状を呈します。腸壁からの出血により、血性下痢を起こしますが、胃潰瘍などによる血便（胃からの出血）が黒ずんでいるのに対し、腸壁からの出血で、この食中毒による下痢は鮮血です。

【ウイルス性食中毒の主なもの】

１．ノロウイルス

ノロウイルスと細菌の違いは、
・ノロウイルスは食品の中では増殖しない。人の腸管内でのみ増殖する。
・通年、発生する可能性がある。特に冬場が多い。
・細菌と違って電子顕微鏡やＰＣＲ法でなければ検出されないため、日常的に手軽にチェックできない。

などがあります。

ノロウイルスは特に冬場、生牡蠣による食中毒の原因として知ら

れていますが、それ以外にも、感染した人からの二次感染が多く、非常に感染力が強いことでも知られています。二次感染とは、感染した人の糞便や吐しゃ物に触れることによる感染で、下痢やおう吐の後処理をした人にうつってしまう、というケースが多いのです。また、そうした糞便や吐しゃ物が乾燥したことでウイルスが空気中に漂い、直接触れていなくても、それを吸い込んだ人が感染した、という例もあります。

発生多発時期：通年だが冬期に多い

潜伏期間：24〜48時間

主な症状：激しいおう吐、下痢、腹痛、発熱、頭痛、筋肉痛、脱水症状を伴う場合もある。

予防策：吐しゃ物や糞便の処理にあたっては、消毒を徹底する。カーペットなどにおう吐した場合は、加熱と次亜塩素酸ナトリウムによる消毒を行う。
吐しゃ物の処理に当たる人はガウンを着用し、着衣にウイルスが付着するのを防ぐ。使い捨てマスクと手袋を着用して二次感染を防ぐ。清掃に使用したペーパータオルやマスク、手袋などは、ビニール袋に密閉して処分する。

【自然毒による食中毒】

簡単にいえば、毒を持った食品を食べることで引き起こされる食中毒です。有名なところでは、フグ、毒キノコなどがあります。

自然毒は大きく分けると3つあります。

1. **動物性自然毒**

ある時期・期間に限って毒を持つ動物性食品…フグ

特異な環境で毒を持つことがある動物性食品…アサリ、牡蠣

その動物の特性として、常に毒を持つ動物性食品…ドクカマス

2. 植物性自然毒

毒が特定の部位に限られている植物性食品…ジャガイモの芽
特定の時期に毒を持つ植物性食品…青梅
その植物の特性として、常に毒を持つ植物性食品…毒キノコ

3. マイコトキシン中毒

農作物の、特に穀類に寄生するカビによって産生される毒…黄変米、麦角など

【化学毒による食中毒】

有害な化学物質による食中毒もあります。原因物質の種類も多く、発生のしくみも日常的な食品による急性症状もあれば、公害病として社会問題になるような広範囲のものもあります。

1. 誤用・誤飲による食中毒

メチルアルコール、農薬、害虫駆除剤などの劇物・毒物の誤飲、誤用。

2. 飲食に伴う器具や包装材による食中毒

鉛・銅・亜鉛などの金属やホルムアルデヒドなどの有害物質が包装材などに含まれていて、それが溶出したり削られたりすることで食品に混入した場合など。

3. 有害添加物による食中毒

食品添加物は厚生労働省が指定した物を使用することになっていますが、指定以外の物を使ったり、規定を超える分量を使うと、食中毒を起こす可能性があります。

これら食中毒を防ぐにはどうしたらいいでしょうか。

■食品取り扱いの３原則
　細菌性・ウイルス性食中毒は全体の９割を占めます。これら微生物による中毒を防ぐには次の原則が重要です。

原則１．清潔を保つ
　原因菌を食品につけなければ、微生物による食中毒は起きません。食品を扱う人間全員が、定期的な検査、検便を受け、身体、特に手指の清潔保持に務めること。衣服を清潔に保ち、食品の取り扱いも徹底して衛生的に行うこと。

原則２．微生物を増やさない
　微量の微生物であっても、条件が揃えば増殖してしまいます。また、食材がもともと微生物を持っていたとしても、一定量を超えなければ、食中毒は発生しません。そうした微生物を増やさないためには、「迅速に調理」「迅速に冷却」することが大切です。
　具体的には、
・食材はできるだけ清潔で衛生的な店舗（業者）から求める。
・手早く衛生的に処理し、調理する。
・調理したら、なるべく早く食べる。
・保存する場合は、速やかに、短時間で冷却（できれば５℃以下）保存する。
　なお、生食用鮮魚類は４℃以下とします。

原則３．十分な加熱で微生物を殺す
　本来、加熱して食べる食材は十分な加熱を行うこと。また、すでに加熱した料理を後から提供する場合には、十分に再加熱すること。

備考１：ウイルスによる食中毒は、食品中ではなく、人間の腸内での増殖によって引き起こされるため、迅速調理や迅速冷却では防ぎきれません。これを防ぐには、原則１の清潔の保持、原則３の加熱の徹底が重要です。

備考２：化学性食中毒を防ぐ
・規格や使用基準がある食品添加物や食品、食器用洗剤などは、必ずそれを守る。
・洗剤や消毒薬などは誤用防止のため、容器に必ず内容品名を明記し、添加物と区別する。
・調理に必要ない害獣や害虫の駆除剤、その他化学薬品（漂白剤など）は、作業場内には置かない。
　などの徹底が必要です。

備考３：自然毒による食中毒を防ぐ
・有毒部分を完全に除く（フグ、ジャガイモの芽など）。
・有毒かどうか、見極めのつかないものは絶対に使わない、食べない。（プロが獲ってきた物以外のキノコやフグなど）

備考４：その他、飲食による危害
　１．経口伝染病
　　　赤痢、コレラなどの伝染病は減りつつありますが、狂牛病や鳥インフルエンザ、O−157（腸管出血性大腸菌）などの集団食中毒は今なお、発生しています。

2．異物の混入
　　直接有害ではなくても、異物が含まれた食品は、調理の現場が衛生的に保たれていなかったことの証拠です。異物混入にもいろいろありますが、食材の処理や調理の管理徹底が重要です。

マネージャーの責任

　マネージャーは全体の責任者です。少なくとも、これから列記する内容については、マネージャー（経営者）に責任があるものとして、理解しておきましょう。

■食品衛生管理
　食品衛生行政の中央機関としては、厚生労働省があります。
　その下には、各都道府県の衛生部（局）があります。
　そして、第一線の行政機関として、各自治体の保健所があります。実務はすべて、保健所の食品衛生監視員によって行われます。
　万一、事故が発生した場合には、検食（検体）として、1品あたり50g程度の原材料と、調理済み食品をマイナス20℃で2週間、保存することが1996年（平成8年）に取り決められました。

■スタッフの管理
1．スタッフの健康診断と検便
　　健康診断は年1回、検便は月1回。また各人の自己管理を促す。
2．体調不良者の就業禁止
　　下痢や腹痛、発熱など、伝染病や食中毒症状はもちろん、手や指に傷がある、その他部位でも化膿性疾患があるスタッフは仕事をさせてはなりません。早急に医師の診断を受けさせましょう。
3．清潔の保持

調理に携わる人間はもちろん、サービススタッフも店舗管理や清掃に携わる人間も、すべてのスタッフが、身体や服装を清潔に保つことが重要です。爪は短く切り揃えること、髪を整えること。調理場では専用の作業着、靴、帽子、マスクを着用。作業前には手を洗い、消毒を励行。汚れた器具や衣服が口や手に触れた場合も、その都度、手指の洗浄・消毒をします。また、調理場内には関係者以外は立ち入り禁止。どうしても入らねばならない場合は、作業者と同レベルの清潔な衣類、帽子、マスクを着用してもらいます。

4．調理場や調理器具の洗浄と消毒

調理場については調理長が責任を持ちますが、万一事故があった時には、調理長だけの責任とはいえません。調理加工に使用する調理器具や道具、また、保存に使用する冷蔵庫やワインセラーなども、すべてが清潔で衛生的であるよう、常に心がけましょう。

■社会に対する責任

あなたが働いている店が大企業の一部門であろうと、個人商店であろうと、規模の大小に関わりなく、社会的な役割や使命、そして責任を負っています。

この場合、社会的といわれる対象は利害関係者（ステークホルダー）とされ、ステークホルダーとは、企業（店）が事業を行う上で配慮すべきすべての関係者のことを指します。具体的には、

・株主
・金融機関
・社員や従業員
・顧客
・官公庁など規制機関（保健所、税務署など）
・地域住民

などが含まれます。
　こうした社会的責任の中で事業活動を行うにあたっては、法令や各種規制、社会的規範を含めたさまざまな決まり事を、経営者はもちろん、社員、従業員が揃って守る必要があります。それが昨今、よくいわれる「コンプライアンス＝法令遵守」です。

責任の主なものを列記します。
・職場の安全管理と労働災害の防止
　職場で働く人すべての安全と健康を確保するのは、事業主の責任です。ケガや事故による労働災害を防ぐためにも、労働衛生法や労働基準法を守ること。また、すべての施設利用者の安全を確保するための設備や施策、対応が求められます。

労働災害とは
　従業員の就業に関わる建設物、設備、原材料、ガス、蒸気、粉塵などによって、または、作業工程や行動、その他業務に起因する理由で従業員が負傷または疾病にかかったり、あるいは死亡すること。
　これを避けるためには安全・衛生管理担当者を選任する必要があります（労働安全衛生法で義務付けられています）。

●総括安全衛生管理者
　その事業所において、業務を実質的に統括管理する責任と権限のある人。総支配人やマネージャーがこれにあたります。その職務は、
・従業員を危険、または健康障害から守るための適正な措置をとる。
・従業員の安全、衛生のために十分な教育、指導を行うこと。
・健康診断の実施、健康保持促進のための教育・広報を行う。
・労働災害の原因調査、再発防止策を講じること。

●安全管理者

ホテルや旅館で従業員が50人以上の場合に選任し、所轄の労働基準監督署に報告する義務があります。安全管理者は総括安全衛生管理者の指示を受けて、次のような職務を行い、就業場所の巡回、危険防止のための措置・対策をとります。

・設備、作業場所、作業方法に危険がある場合の応急処置や適正な防止措置。
・安全装置や保護具、その他危険防止のための設備・器具の定期点検。
・作業の安全のための教育、訓練の実施。
・発生した災害の原因調査と対策の検討。
・消防および避難の訓練。
・安全に関する資料収集、作成。重要事項の記録。

●衛生管理者

従業員50人以上のすべての事業所では、衛生管理者を選任し、所轄の労働基準監督署に報告する義務があります。衛生管理者は各事業所の規模に応じて必要な人数が決められており、衛生管理にまつわる免許などの資格を持つ人が選任されなければなりません。

・衛生管理者は少なくとも週1回は就業場所を巡回。健康障害を防ぐ措置をとる。
・健康に異常のある者の発見、および措置。
・作業環境の衛生上の調査。
・作業条件、施設などの衛生上の改善。
・労働衛生保護具（マスクや手袋）、救急用具の点検と整備。
・衛生教育、健康相談、その他従業員の健康維持に必要な事項。
・従業員の負傷や疾病、それによる死亡や欠勤、異動に関する統計の作成。
・衛生日誌の記録など、業務上の記録整備。

体制を整えるだけでは衛生管理は実現しません。

職場に潜む危険性・有害性を見極めること。定期的な巡回はもちろん、個々人のミスや経験を隠さず共有し、改善に向けて問題を把握すること、対応することが大切です。

■**安全衛生の基本「５Ｓ」**
・整理
・整頓
・清掃
・清潔
・習慣

これらのイニシャルをとって、５Ｓといいます。
１．調理場の床、レンジ周り、周囲の壁、排水溝などに適切な洗剤を使用して日常的に洗浄する。
２．冷蔵庫は食材・飲材料を種類別に収納し、定期的に庫内の霜取りや洗浄を実施。冷蔵庫は適温を保ち、毎日、温度を記録して管理する。
３．普段の清掃以外にも、害獣・害虫の駆除や防除を定期的に行う。
４．空き缶や空き瓶、その他廃棄物は分類し、適正に処理する。
５．油脂や汚汁など、床や周囲を汚染する恐れのある物は、ビニール袋などに入れ、露出・飛散しないように処理する。
６．調理場に隣接する食品庫や食器棚には、洗剤や火気厳禁のガス類などを絶対に置かない。
７．食品など、納入された時の容器から小出しの容器に移し換えて収納する場合は、必ず小容器に内容部を明記する。また、見た目に紛らわしい物をそばに置かない。
８．食器やグラスのラックを床にじかに置かないこと。

お客様を守る

食中毒の防止以外にも、お客様に対して負うべき責任はあります。

■個人情報の保護

ひとつには個人情報の保護です。インターネットでの予約や情報交換が当たり前になった昨今こそ、個人情報の大切さ、保護の重要性は安全対策のひとつとして重視されています。

サービス業にとって、顧客の情報は非常に多岐にわたります。本書の中でも、いかに顧客の情報を上手に集め、業務に活用するかについて紹介してきましたが、それは確実に情報を管理し、保護した上であることが大前提です。

顧客情報は会員名簿やホテルの宿泊台帳、レストランやバーの予約台帳から得ることができます。顧客情報を集めるにあたっては、入会申込書への記入や予約時の聞き取りなどが主な手段となりますが、住所や氏名などの必須項目の他に、ダイレクトメールや催事案内などの送付の有無（許可・不許可）を確認したり、集めた顧客情報の利用目的を明確にするよう求められる傾向にあります。

現在では顧客情報の管理は、そのほとんどがコンピューターによるものですが、コンピューター内のデータ管理はもちろん、記憶媒体（CD、USBメモリーなど）へのコピー管理、そうした記憶媒体の取り扱いには厳重な注意が必要です。

また、最近のコンピューターは、ほぼ100％といっていいほど、外部のネットワークに接続しています。不正アクセスやコンピューターウィルスによる個人情報流出の危険性は、常に存在します。

■食物アレルギーへの配慮

　食中毒以外にも重篤な健康障害を引き起こすのが食物アレルギーです。

　原因物質を摂取した後に、免疫学的機序を介して起こる、生理的に不利益な症状（皮膚、粘膜、消化器、呼吸器、アナフィラキシー反応）をアレルギーといいます。

　特に重篤なのがアナフィラキシーショックです。

　食物アレルギーの症状が複数現れている状態をアナフィラキシーといい、この状態が続くことで、血圧が低下したり、意識を失うなどの状態に陥ることをアナフィラキシーショックといいます。これは命にも関わる危険な状態で、すぐにも医療機関による治療が必要です。

　アレルギーの原因物質は無数にありますが、代表的な7つが「特定原材料」に指定されています。その7つとは、

　卵・乳・小麦・エビ・カニ・そば・落花生

どれも中国料理によく使われる素材です。これらは最も事故が多く、症状が出やすい素材とされ、市販の食品にも表示義務があります。また、

　アワビ・イカ・イクラ・鮭・サバ・鶏肉・豚肉・牛肉・クルミ・大豆・松茸・山芋・ゼラチン・オレンジ・キウイフルーツ・バナナ・桃・リンゴ

　以上の18の食材を「特定原材料に準ずるもの」として、やはり

アレルギーを起こす可能性のある食材として注意しておく必要があります。

　これらによるアレルギー事故を防ぐため、あらかじめメニューにこれらの食材を表記しているお店も出てきました。具体的な対策としては、
1．使用食材をわかりやすく表示すること。
2．お客様にアレルギーの有無を確認すること。
3．アレルギーの申告があった場合、その食材を使用しているかどうかを調理場に確認し、正確に伝えること。
4．事前にお客様から相談や申告があった場合は、関係各部門の責任者・関連部署と情報を共有する。
5．料理が提供されるまで、あらゆるプロセスで複数の人間による確認を行う。

　外から見てもわからないのがアレルギーです。また、自分自身がアレルギーであることを知っている人は、大抵の場合、事前にまたは当日に、申告してくださるものです。それでも事故が起きてしまうのは、予約受付担当・調理スタッフ・サービススタッフ間の連携ミスによることが多いのです。人によっては重篤な症状を引き起こしますので、「うっかり」ではすまされません。
　各部門、担当ごとの連携を図り、日ごろから伝達の重要性を確認、シミュレーションしておくこと。アレルギーに対する知識を持ち、共有を図ることが大切です。

　アレルギーによって引き起こされる主な症状を紹介しておきます。

皮膚：　赤み、かゆみ、腫れ、じんましん

口・目・顔：　くちびるや目、口周りなどの粘膜部分の腫れ、喉の
　　　　　　　違和感
消化器：　腹痛、下痢、おう吐
呼吸器：　鼻水、鼻づまり、くしゃみ、咳、呼吸困難
意識状態：　元気がなくなる、ぐったりする、意識混濁

　アレルギーは原因物質が体に入ってから、比較的早期に症状が発現します。お客様にこのような症状が現れた場合は、アレルギーを疑い、素早く対応する必要があります。特に意識レベルへの症状や呼吸困難など、命に関わる場合もあるからです。
　こうした場合に備えて、日ごろから連絡手段、連絡先の確認、報告と対処の手順を決めておき、マニュアル化するなどしてスタッフ全員で共有すること。シミュレーションや訓練、確認を行い、いつでも対処できるようにしておくことが重要です。

14章　私のテーブルマナー教室

　あれこれとご紹介してきましたが、最後に、私が実施するテーブルマナー教室についてご紹介します。会場となる場所もさまざまですが、ホテルや会館、レストランなどでは、その店のPR、営業促進にも役に立つでしょう。

テーブルマナー教室の準備

　講演を依頼してくるのは、ホテルや宴会場、会館、レストランなど。受講者は専門学校生や短大生、社会人、同業のサービススタッフ、教職員連合や料理教室の会など、実にさまざま。多方面にわたります。

　まずは主催者との打ち合わせから始まります。具体的には、料理会場、施設提供者の営業担当、サービス担当責任者であったりします。そこで、相手側の料理長と料理の内容について相談をし、受講者の年齢や職業、性別、主催者側の希望を聞き取ります。次に、当日の料理内容を最終確認し、当日は料理長から料理説明をしていただくよう、お願いしておきます。

●当日用意してもらう物
・ホワイトボード（マーカーとクリーナーも）
・ワイヤレスマイクまたはピンマイク
・演台
・脇テーブルに什器セット（箸、箸置き、ナプキン、取り皿、お茶のポット、サーバーセットなど）

それらを確認した上で、当日、受講者に出される料理が滞りなく、コース料理の流れを妨げることなく、スムーズに提供してもらえるよう、依頼しておきます。

また、各自のテーブルセッティングは基本通り、箸は縦置きにセットしておいてもらいます。

● 当日・開講前に

会場には早めに入ります。料理長やサービススタッフに挨拶をし、受講者側の責任者や幹事さんとも名刺交換をします。また、この時点でマナー教室の概要を記入したレクチャー用紙をお渡ししておきます。

私の場合は、会場内を回りながら説明することが多いので、ワイヤレスマイクやピンマイクを用意してもらいます。また、お客様が入る前に、会場の様子を確かめ、マイクチェックもしておきます。

お客様が到着、受付をすまされたら、入口に立ち、お出迎えすることにしています。

受講者から見れば、テーブルマナーの先生も、会場となったホテルや会館の人も区別がつかないのが実情です。なので、私は当日、そのホテルや会館を代表する一社員のつもりで、責任を持ってレクチャーを行うよう、心がけています。

● 開講

受講者が入場、着席したら、司会者（主催者側）から、料理長の紹介があります。続けて料理長より、料理の説明、テーブルマナー教室担当者の紹介および、自己紹介をして、初めて料理がスタートします。

14章　私のテーブルマナー教室

1．着席する時、椅子のどちら側から座ったか、覚えていますか？　と質問をします。正しくは左側です。
2．テーブルナプキンはいつ膝にかけるのか。折り目は上か下か。ここまではどこのマナー教室でも教えることですが、さらに、折り目の長さが上と下とで違うようにかけるということ。その理由を説明します。

　　膝にかけたナプキンの内側で、汚れた口元を拭きますが、食事中、何かの拍子にナプキンを引き寄せたとします。その際、折り目が真ん中であれば、下側を引いてしまうと、上についている汚れが、服についてしまう恐れがあります。そのため、ナプキンの折り目を真ん中ではなく、少し上にして上を短めに下を長めにすることで、引っ張った時にずれても安心なように配慮するのです。
3．前菜が出されます。前菜は箸休めでもあること、中国人と日本人で、前菜の頼み方にも違いがあること（日本人は盛り合わせを好む、ということ）などを説明します。また、単品での前菜の注文の仕方、数物の取り方を説明します。
4．ターンテーブルの歴史とマナーについて。（66頁参照）
5．箸の歴史とマナーについて。（61、63頁参照）
6．中国の丸テーブルの歴史について。（66頁参照）
7．飲み物のマナーについて。（61〜62頁参照）
8．食事中のテーブルマナーについて。（58〜61頁参照）
9．北京と上海、広東鍋の違いについて。（40〜42頁参照）
10．丸テーブルの席次について。（82〜84頁参照）
11．「胡」の文字の意味について。（33頁参照）

　もうお分かりですね？
　本書を一通り読めば、私のテーブルマナー講座を受けたも同然なのです。

マネジメント編

　セミナーの締めくくりには必ず、こういう挨拶をすることにしています。
　「今日は中国料理のテーブルマナーを学びましたが、明日になれば半分、１週間経てばほとんど忘れてしまうかもしれません。それでひとつだけ、覚えて帰ってください…」
　この、…に続く内容は、その時々、受講者の顔ぶれやリクエストに応じて変化させてることにしています。料理の由来であったり、作り方であったり、黒くなった油の捨てる前の一工夫だったりすることもあります。
　一般になじみのある西洋料理のテーブルマナーとも、日本の食事作法とも違う、中国料理のテーブルマナー。珍しいこともあって、後々、受講者には深い印象を残すようです。これを機会に中国料理の魅力を伝え、理解を深める一助になればと思い、積極的に取り組んでいます。

中国料理のマネージャー

－人材育成編－

人材育成編

部下と向きあう

　マネージャーという立場になると、部下を育て、チームをまとめ、会社と社会に貢献することが、仕事となります。

　といっても、
　部下に優しくする必要はありません。
　部下と親しくなる必要はありません。
　部下に厳しくする必要もありません。

　部下は、部下の将来を見据えて、部下が歩んでいく道を照らしてくれる、信頼できる上司を求めているのです。

　本編では、マネージャーとしての役割をバージョンアップさせるスキルを紹介します。
　スキルというと手段のようですが、どれも突きつめてみると誇りや倫理観など人としての品性につながっています。

　部下は、新しい世界に生きる、新しい人間です。
　そうであるならば、マネージャーも新人類を理解し、見守っていけるようにバージョンアップしていかなければなりません。

　「これから」の人材を育てるためには、
　「これまで」の知識や経験だけでは不十分なのです。

1章　マネージャーの仕事

マネージャーの仕事はあまりに多岐にわたります。
ここで整理してみましょう。

プロデューサー（運営・管理責任者）
業務は会社の目的や目標に沿っているか、計画どおりに成果をあげているか、いつもチェックして、必要であればタイミング良く対処する。

ディレクター（演出家）
部下にビジョンや方針を示し、部下の意識ややる気を、正しい方向へ導いてつつがなく遂行させる。

モデル（お手本）
目的や目標を業務の中で実現する方法を自分なりに考え、先頭を切って遂行する。

ティーチャー（先生）
業務に必要な知識を教える。

セラピスト（治療士）
部下が不安だったり、不快だったりする時は心が安定するように癒す。

カウンセラー（相談員）
部下が問題や悩みを抱えている時は、相談にのる。

トラブルシューター（苦情処理係）
部下がクレームに苛（さいな）まれている時は、身を呈（てい）して守る。

メッセンジャー（伝言者）
現場の声を上層部に上げて、上司へのホウレンソウ（報告・連絡・相談）を欠かさない。

プレイングマネージャー
現場の仕事もこなす。

これだけでも仕事の範囲の広さが伺えます。
しかしながら近年は、これだけでは足りない状況です。

厳しいだけでは部下は萎縮して育ちません。
優しいだけでは部下は安心しきって育ちません。
部下が意欲を持って育つように、以下のような「仕事」もこなす必要がありそうです。

メンター（助言者）
時には部下の「成長を促すため」に、的確なアドバイスをする。

コーチ（支援者）
部下が悩んでいる時に問題を、明確にして、解決できる様に支援する。

仕事の「生産性」と「効率化」

　マネージャーは、目標達成の責任を担っており、プレッシャーは相当なものです。とはいえ、実際にお客様と接して実質的な売上げを上げてくれるのは部下であり、そして彼らに必要なのはスキルとモチベーションです。

　マネージャーの業務スキルの高さにより、部下のスキルのレベルは変わってきます。マネージャーの指導力により、部下のスキルアップのスピードは違ってきます。マネージャーの熱意で、部下のモチベーションも変わります。
　言い換えれば、部下に多大な影響を与え、目標達成に大いに貢献しているのは、現場のマネージャーだということです。

　現場のマネージャーが会社から最終的に求められるのは、売り上げアップです。スタッフを増やせば、売り上げも上がりやすいでしょうが、今のご時世では難しいのが実情です。
　それでも売り上げを上げろと言われるのであれば、仕事の「生産性」と「効率化」のアップを図らねばなりません。

　生産性を上げようと、率先して業務をこなすマネージャーをよく見かけます。セクション内で一番仕事ができるのがマネージャーですから、誰が頑張るよりも、確実に仕事がはかどるでしょう。
　死に物狂いで働いて、時には部下がこなしきれない仕事まで肩代わりすることは、責任感が為せる業ですが、それでは限界があります。自分の体はひとつだし、時間も限られているからです。
　また、あまりに忙しいと部下へアドバイスや指示をする時間が取

れなくなります。結果的に部下に仕事を振ることができなくなり、ますます仕事が増えてしまう恐れもあります。

　そうすると、自分が一番忙しいように思えてイライラし、知らないうちに鬼のような形相になっているかもしれません。きっと部下達はマネージャーを遠巻きに眺めながら怯えていることでしょう。

　一方、育成のためには指示を出さなきゃいけない、と使命感を持っているマネージャーもいます。しかし指示や指導は、本当に手間がかかります。

　では、どうすればいいのでしょうか。
　大切なのは、「指示をこなせる部下」ではなく、「自分で考えられる部下」を育成することです。手を引いてあげなくても自分で歩いてくれる、自律した部下を育てることこそが業務の「効率化」です。

　効率化を考えるとき、育成と同等もしくはそれ以上に大切なことがあります。それは、部下を辞めさせないことです。
　会社にとって、新人が仕事をこなせるようになるまでは、お金も時間も手間もすべてが投資であり、早い時期に部下が辞めてしまっては、会社は大赤字です。ですから部下が辞めないかどうか、ちょっとしたSOSも見逃さないよう、常に緊張が強いられます。

　辞めたいと言い出した部下を引き留めることは、大変です。一旦持ってしまったマイナス思考をプラス思考に転じさせることは至難の業だからです。セラピスト並みの知識と経験があれば別ですが、そんな人はほとんどいないでしょう。

　もし部下が辞めてしまったら、新しいスタッフを募集するという

新たな仕事まで発生します。求人広告、面接、選定などに経費や時間が費やされ、自分本来の仕事もストップしかねません。

ですから離職率を低く抑えることも、効率化を目指す上でとても大きなポイントなのです。

こう考えると、マネージャーの仕事の大半は、いつも「人」という問題と向き合うことであり、この部下との人間関係がマネージャーの仕事の根幹ともいえるでしょう。

人材育成編

部下の心を守るのは、マネージャー

　現実に目を向けてみると、悲しい統計ばかりです。
　例えば20代30代の死亡原因の一位は自殺であり、全年代を通じての自殺の原因の一位は、鬱病（うつ）などの精神疾患です。

　こうした厳しい現状を受けて「労働者の心の健康保持増進のための指針」が2006年厚生労働省から出されました（詳細後述）。
　また、労働安全衛生法改正により2015年12月から従業員50人以上の事業所において、うつ病などになる前段階でストレス度合いを把握ストレスチェックするために、「ストレスチェック」が義務化されました。50人未満の事業所においては、助成金制度もあります。

　閉塞感に満ちた会社や組織では、心身症や鬱病などが増えています。自分の心と身体を守るために自分から会社を去る人も少なくないでしょう。去ることのできない人は心の闇が深くなるばかりです。

　では社内の閉塞感とは、どこから生まれているのでしょうか。
　トップダウンで全てが決められていたら社員の心は、不満でいっぱいになってしまいます。
　性別や学歴などで一方的に優劣がつけられていたら社員の心は、不公平感でいっぱいになるでしょう。
　顧客満足よりも会社の利益ばかりが優先されていたら、社員の心は誠実でありたい気持ちとのせめぎ合いに、苦しんでいるでしょう。
　従業員満足よりも会社の都合ばかりを優先されていたら、社員の心は、人としての尊厳を軽んじられて壊れてしまうでしょう。
　心の中にこうした思いが澱（おり）のように沈殿しつづけたら、胸が苦し

くなってもおかしくありません。

　しかし、そうした会社であっても重苦しさを感じさせないセクションがあります。それは毎日顔を合わせるスタッフ同士の人間関係がとてもうまくいっている場合です。
　共に悩み、共に助け合い、共に成長しようとする空間に閉塞感はなく、軽やかな風が流れています。

　そしてそのキーパーソンは現場のマネージャーです。
　言い換えれば、「彼らを精神的な部分で守っているのは、マネージャー」ということです。

「関係の質」が今求められている

図式：成功の循環

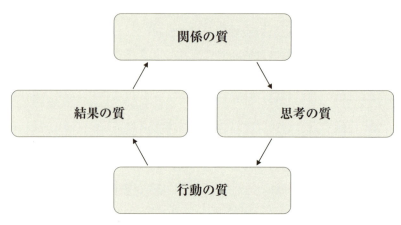

ダニエル・キム著 Organizing for Learning より

　人間関係を図式化したものがあります。マサチューセッツ工科大学ダニエル・キム先生の「成功の循環」として広く知られているものです。

　どの組織も内部がうまく回っている時は、「関係の質」がとてもいい状態です。お互いの人間関係がうまくいっていると、意見が出やすくなるし一緒に何かを考えることもできるので、広くて深くて、前向きの「思考の質」が得られます。

　前向きの思考は、具体的で精度の高い「行動の質」につながります。そしてそうした行動は、当然成果や成績などの「結果の質」を高めてくれ、お互いの「関係の質」は更に高まっていくというプラスのスパイラルであり、これが「成功の循環」です。

　良好な人間関係がなくては何事もスムーズに進まないので、「関係の質」が成功への第一歩というのは、あたり前と言えばあたり前の話です。

しかし、意外とこのあたり前のことをしてないのが私たちかもしれません。例えば部下に指示をする時に「これをしておいて！」という行動レベルや、「これを考えといて！」と思考レベルからスタートしていることが多くないでしょうか。これはある意味、丸投げです。

　また、「なにをやっているんだ！」、「なにをやっていたんだ！」と行動の質を責め、「なにを考えているんだ！」、「なにを考えていたんだ！」と思考の質を蔑(さげす)んでしまっては、「関係の質」は悪化の一途をたどるマイナスのスパイラルです。

　部下が柔軟な思考を持てるよう、気持ちよく仕事に向き合えるよう、「関係の質」を向上させることから始めることが大切です。もちろんそのためには努力が必要ですが、それが部下の意欲というエンジンにつながっていくのですから「急がば回れ」です。

上司から先に信頼する努力を

　上司と部下の間における望ましい「関係の質」とは互いに信頼することですが、当然のことながら信頼関係は一朝一夕に構築できるものではありません。

　「成功の循環」における「関係の質」⇒「思考の質」⇒「行動の質」⇒「結果の質」をプラスのスパイラルで続けて、薄紙のような結果を積み重ねていくと、お互いの目に見えるほどの厚みに至ります。その厚みこそが信頼関係といえるでしょう。

　上司と部下、信頼し始めるはどちらが先でも構わないと思います。たとえ部下がまだ信頼していないとしても、上司から先に部下を信頼しようとする姿勢を表すことで、上司は部下の信頼を得られるよ

うになるでしょう。
　信頼は「する、しない」という二者択一ではなく、「どれくらい信頼するか」という、程度の問題です。自分のペースで部下の信頼できる部分を探り、部下への信頼度を高めていきましょう。

　ちなみに信頼の"trust"の語源は古いノルウェー語の"traustr"（強い）で、真実の"truth"もこれが語源のようです。信頼と強いと真実は、とても近い関係といえるでしょう。
　「誰かのことを強いと思える時に、信頼できる」、「何かを真実と感じられる時に、信頼できる」ということかもしれません。

　部下を先に信頼しようとする「強い」心と、信頼したいと本心から思う「真実性」を持つ上司であれば、部下から信頼されるに値する人であるともいえるでしょう。

2章　信頼関係を構築する法則

信頼を得るためには、自分の中に「指針」が必要です。

①真実であること
　上司は人間であって、神様ではないのですから、完璧でなくて構いません。
　部下に完璧だと思われる必要もありません。
　自分の能力を100％駆使することが自分が部下に示せる真実です。

②正直であること
　見た通りの真実を語ることです。とはいえ、あくまでも相手を尊重した言い方が求められます。
　部下の言うことが理解できない時や、答えが分からない時などには、素直に認めましょう。その方が信頼性を高めます。

③自分を大切にしていること
　滅私奉公という言葉がありますが、自分の中に葛藤(かっとう)を抱えていると、部下に心を傾ける余裕が持てません。
　まずはあなたが自分自身の体と時間を大切にしましょう。

④そこに居ること
　ただ単に、そこに居るという意味ではありません。
　体だけでなく心も、部下に向き合うということです。
　心ここにあらずでは、部下に最大限の注意を払えません。

⑤深刻になりすぎないこと

　信頼が深まると、部下から難しい話や悲しい話を聞くこともあるでしょう。そんな時に深刻に受け止めすぎると、お互いに平常心を失ってしまいます。

　時には空気が軽やかになるような応対をすることで、部下が新しい視点を持てるようになることもあります。

⑥約束を守ること

　当たり前のことですが、これが一番大事なことです。

　二人だけの大切な話は、もちろん「ココだけの話」です。

　それがよそに漏れるようでは、信頼関係を無くすどころか部下の気持ちを傷つけることにもなります。

　また、何かをすると言ったら必ず実行します。万が一それができなくなった時には、部下が納得してくれるまで説明しましょう。

　約束を守れるかどうかは、相手を大切にしているかどうかの指針です。

信頼関係のスタートは「観察」

　言わずもがなではありますが、信頼関係を構築するためには、相手を知ることが必要であり、そのためには深い観察が求められます。
　相手の話を聞くことが大切なのは言うまでもありません。
　と同時に、相手が本音で話してくれているのかどうかも、見極めなければなりません。

　そのためには言葉にしない、もしくは言葉にできないことまで理解することが大切です。そこで求められるのが「観察」です。

　観察とは、非言語（ノンバーバル）の反応を知ることですが、その深さのレベルは様々です。

レベル1「見る・聞く」

　映像や音声を受けとめるだけ、記録するだけのレベルです。
　特別な目的や意識を持たずに相手と向き合っているときには、こういう状態です。
　このレベルでしか話を聞けないようであれば、お互いにとって会話は時間の無駄です。

レベル2「観る・聴く」

　よく観て察して、よく聴いて察することであり、「観察」するレベルです。相手の真意を察しようという意識を持っているだけでも、「見る・聞く」とは大きく違います。

例えば「聴」は、「十四の心をもって耳で聴く」というように読み取れます。相手を理解しようとする以上、当然のことながら十四の心は、敬愛、親愛、尊敬、同調、同情、憐憫などなど相手に寄り添う心情であることが求められます。

ただし、ここには大きな問題が潜んでいます。それは察することの怖さです。

誰しも何かを察する時、基準は自分自身であり、自分が持っている経験や感覚などで推測しがちです。言い換えれば、自分の先入観や固定観念というフィルターを通しながらで相手の話を判断する恐れがあるのです。

そうなると、自分としては善意の解釈や言動であったとしても、部下にとってはとても迷惑だったり脅威だったりする場合もあり得ます。

レベル3「よく観て・よく聴く＆訊く」

自分の先入観や固定観念というフィルターを排除するためには、自分の判断は差し控えて、いろんなヒントを探りながら相手の真意を聴き取ろうとすることが求められます。

「観る」手がかり

目は心の窓、といいます。目は口ほどにものを言う、ともいいます。目の動きに注目しましょう。

ＮＬＰ（神経言語プログラミング）の中に、「アイ・アクセシング・キュー」というテクニックがあります。目の動きから、脳が視覚、聴覚、体感覚のどこにアクセスしているかを分析したもので、

2章　信頼関係を構築する法則

相手の目の動きを観て、相手の心の動きを知る手がかりにします。

アメリカの映画「交渉人」などでは、ＦＢＩ捜査官が犯人の目の動きを観て、ズバリ核心を言い当てるというような場面があります。またいくつかの国では入国審査に活用しているという話もあります。

着目すべきは、正面から相手の顔を見た時に「相手の目線はどっちを向いているか」という点です。
「左上」を向いているときは映像（形や色など）を創り出し、「左横」を向いているときは、音（声や音楽など）を創り出し、「左下」を向いているときは、体に感じる感覚（温度や軽量感、ドキドキ感、空腹感など）を感じています。

「右上」を向いているときは、過去の映像などを思い出し、「右横」を向いているときは、過去の音声などを思い出して、「右下」を向いているときは、内部会話といって考え事や自問自答をしています。

総じて言えば、相手の目線の方向が、上側なら「視覚イメージ」、横側なら「聴覚イメージ」、下側なら「体感覚イメージ」、左側なら「未来の情報」、右側なら「過去の情報」にアクセスしています。
まったく目が動かない、逆に動くなどの人もいますが、大方の人に共通しているようなので参考にしてみてください。

「アイ・アクセシング・キュー」を意識しながら向き合うと、相手の細かい目の動きまで注意を払うようになります。相手を漫然と見るのではなく、まさに観るようになります。

目力のある視線で見つめれば、相手は「ちゃんと話を聴いてもら

えている」と感じます。誰でも、真剣に話を聴いてくれる人には本音を話すものです。

実は「アイ・アクセシング・キュー」の一番の効果はここにあるのかもしれません。

図式　アイ・アクセシング・キュー

●自分から見た、相手の目線

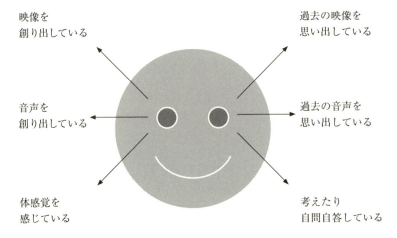

映像を
創り出している

過去の映像を
思い出している

音声を
創り出している

過去の音声を
思い出している

体感覚を
感じている

考えたり
自問自答している

「聴く」手がかり

聴くときにも、ヒントを掴む手がかりがたくさんあります。

ほんの少し、いつもより耳を澄ますだけで、たくさんのことが伝わってくるものです。

＊トーン

声の"トーン"には、たくさんのメッセージが込められています。言葉は話し手が意識して選ぶのでなかなか本音が見えませんが、声のトーンは意外と無意識なので、本音が滲み出たりするものです。

「これ、お願いしていい？」と尋ねた時、部下が暗い声で「イヤ

です」と答えた場合は、本当に嫌なのかもしれません。

逆に、明るい声で「イヤです！」と答えた場合は、その高めのトーンから交渉の可能が感じられるかもしれません。

声のトーンにはもちろん個人のクセがありますが、それも考慮してその後の対応を考える時の参考にしましょう。

＊間

"間"にも、大事なメッセージが込められています。

「これ、お願いしていいですか？」と尋ねた時、すかさず「はい！」と返事がくるとは限りません。

ちょっと間があっての「…、はい」もあります。この「…」は相手にとっては、無意識の"間"です。しかし、無意識ゆえに正直な気持ちが込められているのです。

声の表情や"間"までも感じ取ろうとするその姿勢からは、相手の話を真剣に聴こうとする思いが伝わってきます。そうした真摯な姿に相手は、安心感や信頼感を持つことでしょう。

「感性」も手掛かり

感性は、判断というレベルを超えたなにかです。例えば、いい人かそうでないか、信用できるか出来ないかなど、直感的に感じることってあります。第六感とか、動物的カンとか言われますが、そういう感性もおろそかにはできないものです。

知識や経験よりももっと的確な場合があります。自分を信じて、時にはその感性に判断を委ねることも大切でしょう。

積極的に「訊(き)く」

相手の話を聞いて自分の察した内容が正確とは限りません。そこ

で確認という意味を込めて「訊(き)く」ことは、とても能動的な手掛かりとなります。

　質問は「分からないことを知ろう、知らないことを学ぼう」とする積極的な行動です。「訊くは一時の恥、訊かぬは一生の恥」なんて諺(ことわざ)がありますが、目的を明確にした質問で、聴くレベルを高めましょう。

レベル4「評価しないで観る・聴く」

　次の段階の「観る・聴く」は、相手からのメッセージや情報を、「自分がどう受けとめるか」ということに関する内容です。

　まず大切なのは、相手の話を遮(さえぎ)らないことです。
　相手の言葉を最後まで聞かないことは、相手の話を大切に扱っていないということであり、相手の存在自体を大切に思ってないのと同じことです。
　話を聴きながらあれこれ考えていると、言葉を挟みたくなるものです。しかしそれでは相手は話をする気がなくなります。
　邪心を押しのけて、真っ白な紙に相手の言葉を書き記(しる)すような気持ちで相手の話をしっかり受けとめましょう。

　更に大切なのは、その話を評価しないことです。
　その話が賛同できない内容であれば、もちろん同意する必要はありません。しかしその人の考え方や世界の見方は、尊重することは大切です。

　確かに自分とまったく違う考え方はなかなか受け入れられないものであり、相手の人間性まで疑ってしまいたくなります。

しかし、自分と100％同じ人がいるはずがありません。自分と違う＝間違っていると考えていたら、周りは間違っている人だらけになってしまいます。

それでは、相手を理解して受け入れることは困難でしょう。

もっともな動機

相手の話の内容に同意できなくても尊重するということは簡単ではありません。しかし、その行動がその人にとって「もっともな動機」に裏打ちされているのだと理解すれば、決して難しいことでもありません。

もっともな動機とは、その人自身やその人の周りの人を守るためのものです。その動機が、行動に結び付きます。そしてもし問題があるとしたら、行動そのものなのです。

社内での例を挙げれば、新入社員に対して意地悪な先輩がいるとします。仕事は教えない、連絡は回さない、大事な書類は渡さないなどなど、職場のいじめです。

しかし、もし彼女が「新人が仕事できるようになったら、私は用無しになってしまう」と危機感を覚え、「自分の居場所を守りたい」という思いを持ったとしたら、それは彼女にとってもっともな動機です。その思いそのものは責められませんから、その気持ちは受けとめてあげましょう。

そして彼女のこのような深層心理も理解したうえで、「あなたは大切な存在なのだ」と伝えるなどの対応が大切です。

意地悪されている側にも「相手は決してあなたの人間性を否定している訳ではない」「自分の立ち位置に不安を覚えているが故の行動なのだ」などと伝えて、傷ついた心を守ってあげましょう。

また別の例として、自発的に仕事をしたがらない部下がいたとします。しかし彼が「率先してやってもし失敗したら責任を背負わされるかもしれない。それなら、いっそやらない方が安全だ」と怯えていたとしたら、「自分を守りたい」というのが、彼にとってもっともな動機です。
　そうした部下には、責任の所在を明確にして「最終的な判断は、上司にある」、「判断した以上、責任も上司にある」、「たとえ失敗したとしても自発的に行動することには高い評価をしている」ことを伝え、安心させてあげましょう。

　誰しも自分は大事にきまっています。そこを理解して、その気持ちを尊重することがマネジメントの第一歩です。

レベル5「聴（きく）」

　レベル4から更に進化すると「聴」になります。この漢字には、とても深い意味があります。
　左側にある偏（へん）の耳は「大きな耳」のことです。耳の下にある王は、本当は壬で「真っ直ぐ立つ」という意味です。
　右側に位置する旁（つくり）の十と四は「十の目」という意味で、「たくさんの視点を持つ」ということです。その下の、一と心は、心を一つにして「集中する」ということです。

　「聴」とは、相手にだけ集中して向き合い、情報収集をし、いろいろな視点で解釈しようと心がける、とても真摯な姿勢です。
　ちなみにこの字には「聴す（ゆるす）」という読み方があり、意味も、許すと同じような意味があるようです。
　人として、あるべき姿ではないでしょうか。

3章　ラポールを創る

　お互いが敬意を払い、誠意を持ちながら、安心して交流できる状態を、「ラポール」といいます。
　ラポールは、元々フランス語rapportで、報告、レポート、関係、連携など、なにかを結び付ける意味です。心理学では、クライアントとセラピストの関係で使われており、カウンセリングや心理療法で、クライアントと向き合う時になくてはならない大前提がラポールです。
　当然のことながら友好的なコミュニケーションにおいても、ラポールは大前提です。

　ラポールを形成することは、さほど難しくありません。お互いが「自分は認められている」と感じられた瞬間に二人の心と心に橋がかかるからです。
　大切なのは、そのラポールを継続することです。気分や状況に左右されずにラポールを積み重ねることで、信頼関係が出来上がっていくのです。信頼関係へ続く道のりの「友」は、ラポールです。

　研究社新英和中辞典によると、ラポールとは、(一致・調和を特徴とした) 関係です。この「一致・調和」を意識的に創造することは、短時間でラポールを形成することに寄与します。
　一致や調和を感じる一例として、「相手が自分に似ている」とか「相手に自分は理解されている」という感覚があります。そうした感覚を短時間で持ってもらえるよう、相手と共通するものを見つけて、深いラポールを作り上げるように心がけましょう。

目からの情報

　ラポールを形成するための、いくつかのスキルがありますが、相手とラポールを築きたいと心から思っている時には、自然にそうなっていることも珍しくありません。恋人たちがまったく気づかないうちに似たような仕草をしていたり、仲間同士が共通の言葉を使ったりしているときなどです。
　ということは、部下と親しくなりたいと心から熱望すれば、自然にそうなるとも言えます。
　とはいえ、なかなかすぐにそういう境地にはならないかもしれません。とりあえずは、部下を真似る練習をしましょう。
　そのためには高いレベルの観察が求められますが、その観察自体がラポール形成の第一歩です。

姿勢と表情

　例えば、一生懸命何かを伝えたい時、部下は自分でも気付かないうちに、前のめりになって話していませんか。その時上司が腕組みをしていたり、ふんぞり返ったりしていたら、「私の話をちゃんと聴いてもらえているのだろうか？」と、部下は不安になります。
　一方、もし上司が自分以上に前のめりで聴いてくれたら、それだけで「話の内容を大事に思ってくれている」と、感じるものです。

　また、部下が辛い体験を話す時は、おそらく眉間にしわが寄っているでしょう。その時上司が無表情であったり、へらへらした表情であったりしたら、「私の気持ち、わかってもらえるのだろうか？」と、やはり不安になるでしょう。
　しかし自分と同じような表情で聴いてくれていたら、「私の気持ちに共鳴してくれている」と、感じることでしょう。

実際に姿勢や表情がマッチングできているかどうか、自分自身では分かりません。自分では「大丈夫！」と思っていても、全く当てになりません。

ぜひ、人の話を聴いている時に、時々自分の姿を客観的にチェックしてみてください。意外と無表情だったり、椅子の背もたれに寄り掛かったりしているかもしれません。相手の姿勢や表情をよく観て、さりげなくマッチさせましょう。

例えばミーティングの時、スタッフが言葉に詰まる瞬間があったら、その原因の大半は聞き手側にあります。

必死に話をする時は、心も体も相手に向き合っているし、表情も豊かになっています。

それなのに、聞き手が横や下を向いていたり能面のような顔だったりしていたら、話し手が「話を聴かない＝私を受け入れていない」と感じたとしても、仕方のないことです。

そうなると、言葉が詰まったり、話す気力がなくなったり、話す内容を変えたり、短くするかもしれません。

人がスムーズに話ができるかどうかは、聞き手次第なのです。

ジェスチャー

話をしている時にジェスチャーが豊かな人がいます。無意識の内に、体全体や手の動きで話の内容を表現しようとしているのです。

そういう部下と向かい合っている時は、自分もさりげなくボディランゲージを取り入れてみましょう。話すときに限らず、頷く(うなづく)ときも顔だけコックリするのではなく、体全体で相づちを打つ感じです。

そうすると部下は、その頷きに勇気をもらってたくさん本音を話してくれます。

気をつけてほしいのは、自分自身のジェスチャーが大ぶりな場合です。
　机や膝に手を置いたままの人にとっては、目の前の人の手の動きがオーバーアクションだと気になったり目障りだったりして、話に集中できないことがあります。圧迫感を感じて、気持ちがひいてしまうこともあります。

　熱く語ってしまう時は、特に要注意です。夢中になって、熱心に話せば話すほど、ジェスチャーが大きくなっているかもしれません。
　時には自分を客観視しましょう。

笑顔・目線
　いつも笑顔でいることやアイコンタクトは、相手を認めているというメッセージであり、コミュニケーションの基本です。

　しかし、それを避けなければならない時もあります。
　例えば、人が何かを思い出そうとしている時や何かを想像しようとしている時は真顔になるし、目線も泳ぎます。
　そういうときに見つめられると、なんだか急かされているようで、落ち着かないものです。

　笑顔を引っ込めて、目線も相手が見ている方向に転じましょう。そうすれば、部下は焦らずゆったりと思考できるようになります。
　またそうした安心感は、話の展開をとてもスムーズにしてくれる効果もあります。

耳からの情報

相手に合わせて言葉を選ぶことは、相手の世界の見方を尊重していることであり、まさにラポールです。

部下と向き合うときは、できるだけ同じような言葉や表現を使ってみましょう。自分が得意でない感覚の言語は不自然に感じられるかもしれませんが、同じ言語を使うことは、相手の感覚を尊重することです。

言葉遣い

こちらは親しげに話しかけているのに相手がずっと堅苦しい話し方をしていたら、「水臭いなぁ」と、なんとなく距離感を感じます。

逆にこちらは丁寧に話しているのに相手がカジュアルすぎると、「図々しい・なれなれしい」と、ひいてしまいます。

丁寧な言葉遣いは大事なエチケットですが、相手にマッチさせることも時には必要です。

ただし、一つだけ忘れてはいけないことがあります。それは最初と最後は本来の関係に準じた言葉遣いをすることです。

これはケジメと心得ましょう。

口調

部下が、慌てたような大きい声で「聴いてくださ〜い！」と駆け寄ってきたら、どうやって応えますか？

静かな声で「どうしたの？」。

上司たるもの、確かに落ち着いた対応は大切です。

優しい声で「ど〜したのぉ？」。

確かに優しさも必要です。

しかし、強くて大きい声で「ど～したの！？」と同じような口調で応えると、部下は「上司が自分の心を受けとめてくれた」と感じるものです。
　その後は、これから進めていきたい会話のペースに持ち込むために、静かな口調や優しい口調で話しかけるといいでしょう。

　部下がゆっくり話すタイプや、小さい声で話すタイプの場合は、そのまま合わせてあげていいでしょう。
　しかし相手が早いスピードや、大きな声で話すタイプの場合は、少しずつゆっくりと、もしくは小さい声で話すようにリードすると、相手の心を安定に導き、お互いが会話を続けやすくなります。

　それ以外にも、相手の口調が軽くなってきたらこちらも軽やかに、真剣な口調だったらこちらもそれとなく硬い話し方というように、当初は相手にマッチさせて、その後に自分のペースへとリードしましょう。

表現
　たとえ初対面同士であっても、会話が楽しく続き、立場を超えて「あ、うん」の呼吸で分かり合えることがあります。
　逆に、たとえ家族や親しい友人であっても、会話が長く続かず、真意がなかなか伝わらない場合があります。そういう場合、話が合わないとか相性が悪いとか言いがちですが、合わないのは人間性の問題ではなく「表現の仕方」なのです。

　何かを伝えようとする時、伝いたい内容は同じでも、使う言葉も

同じとは限りません。

　日本語ですからもちろん意味は伝わりますが、微妙なニュアンスまで伝わっているかというとかなり疑問です。なぜならば、人によって心に響く言葉が違うからです。

　例えば以下の例では、どの表現言い方が自分にとってフィットしますか？

例１：部下がすごくショックだったと、訴えてきました。
　　Ａさん：「目の前が真っ暗になりました」
　　Ｂさん：「心がガラガラと崩れていくようでした」
　　Ｃさん：「胸が痛くなりました」

例２：部下が二つの「緑色」の違いを説明しようとします。
　　Ａさん：「黄味がかった緑と、青味がかった緑」
　　Ｂさん：「明度や彩度、色の配合具合などを数値で説明」
　　Ｃさん：「あったかい感じの緑と、涼しい感じの緑」

感覚と表現
　いろいろな表現の仕方がありますが、そのベースになるのは、感覚の鋭さのバランスです。
　感覚とは「周りの状況に気づく能力」ですが、人には五感があると言われています。視覚・聴覚・触覚・味覚・嗅覚です。
　それをコミュニケーションスキルの一つであるＮＬＰ（神経言語プログラミング）では、視覚・聴覚・触運動覚（触覚・味覚・嗅覚）の三つに分けます。

　ここで大切なのは、「視覚・聴覚・触運動覚の鋭さのバランスは、

人によってちがう」ということです。

　例1でも例2でも、Aさんは視覚が、Bさんは聴覚が、Cさんは触運動覚が他の感覚に比べて鋭敏であり、無意識のうちにその感覚を言語化して伝えました。
　感覚の鋭敏性のバランスが違えば、使う言葉や表現が違ってくるのです。

　更に大切なのは、「人によって感覚のバランスが違う⇒心に響く言葉が違う」という認識が自分にあるかどうかです。
　感覚は目に見えないものゆえに、違いに気付かず「みんなが同じであたり前」と信じ込んでいる人が少なくありません。
　それでは会話がスムーズに進まない相手に対して、理解力がないなどのマイナスイメージを持つかもしれません。
　まず自分自身の感覚のバランスを理解しているかどうか、そして相手のバランスも理解しているかどうかを考えてみましょう。
　「相手によって表現の仕方を変える」という意識を明確に持ち、「相手に合わせた対応をする」必要性を理解し、実践することが大切なのです。

　例えば部下に成果を求めるとき、目標設定をグラフにして視覚に訴えることが有効な部下もいます。具体的な数字やデッドラインを示された方が安心する部下もいます。「気合で頑張れ！」と、肩を叩きながら激励されることを喜ぶ部下もいます。
　本当にさまざまです。

　相手の心に深く入り込んで、初めて「伝える」ことが集結します。あなたの部下はどのタイプでしょうか？

これは接客時にも大いに活躍します。例えば「この部屋には何人くらい入りますか？」という質問に、触運動覚の鋭敏なお客様だと「80名くらいだとゆったり使えますが、100名でも大丈夫です」といった言い方でも納得してくれます。

しかしお客様がピンと来ていないようであれば、おそらく聴覚が鋭敏でデジタル思考の方と思われるので、「一卓8名としての10卓80名が基本ですが、12卓106名まで対応できます」などと、細かな数字を言い添えた方がきちんと理解してもらえます。

このようにどの表現方法が相手にフィットするのか、反応を見抜いて説明の仕方をかえることが求められます。また、理論的に分析して説明の仕方や言葉を選ぶようになれれば、どのタイプのお客様と向き合っても慌てずに済むようになるでしょう。

表現の仕方に共通項が多いと、微妙なニュアンスまでもきちんと伝わり、お互いに内容が的確に把握できます。分かり合える対話が続くと、好感が好意になり、信頼関係を築く礎になるのです。

感覚の鋭敏性を見つけるヒント
できるだけ相手の感覚にマッチした表現にしたいところですが、最初から上手にできる人はいません。まずは、あなたはどの感覚が一番鋭敏なのか。簡単にチェックしてみましょう。

問1「今までで一番良かったと思う旅行を思い出してください」
問2「海を思い出してください」

美しい風景、美味しそうな食事、誰かの笑顔などを写真のように、もしくは映像のように思い出した人は、「視覚」が比較的鋭敏です。
自分を包み込むざわめき、旅先で聴いた音楽、誰かの笑い声や言

葉、波の音などに関することを思い出した人は、「聴覚」が比較的鋭敏です。
　楽しかった、感動した、淋しかったなどその時の感情を再体感した人もいるでしょう。暑さ寒さとか、熱さ冷たさ、頬をなでる風など、肌に感じることを思い出した人もいるでしょう。「触運動覚」が比較的鋭敏です。

　ただし、仕事の時とプライベートの時、好きな人と一緒の時と苦手な人と一緒の時など、シチュエーションによって感覚の鋭敏さが違う場合があります。それは、喜びを倍増させたり、ツラさを軽減したりと自分自身を守るためのようです。

　次に、それぞれの感覚の特徴的なヒントをご紹介します。
　また、部下がどのタイプか分かった時のために、タイプ別の対処法（＊部分）も多少書き加えておきます。

【視覚が鋭敏な人】

姿勢
　背筋をぴんと伸ばして、頭を上げ加減。

呼吸
　浅くて速め。
　胸式呼吸なので胸の動きを見ると呼吸のテンポが分かりやすい。

動作
　言葉を補うように、大きさや長さを手や指を広げて表現したり、数は1,2,3と指を立てたり曲げたりなど、ボディランゲージで視覚的に分かるように説明する傾向がある。
　上体を前に乗り出すように椅子に浅く腰かけている人が多い。

話し方・聴き方
　わりと声が高くて早口気味。流れるように話すのも特徴。

特徴的な言葉・表現
　「話が見えない・見えた」
　「見通しが立った」
　「クリアになった」
　「ここって盲点ですね」
　「あの人って、考え方がスクエアだよね」
　など、明暗や色彩、形に関する表現が多い。

＊相手がこのタイプの場合、まずは相手の呼吸のテンポを合わせた後にゆっくり呼吸すると、相手の呼吸もゆっくりに。
＊言葉は表現を合わせる以外にも、パワーポイントやグラフ、写真や図など目で見て分かるものを使って話すと、理解してもらいやすい。

【聴覚が鋭敏な人】

姿勢
　左右どちらかに頭を傾け、まさに耳を傾けている雰囲気。
動作
　耳に手をあてたり、腕組みしたり。
　相手の顔を見るよりも声を聴いていることが多く、一見眠っているように見える時もあるが、真剣に聴いている。
　音に敏感なだけに、騒音や雑音があると集中できない。
話し方・聴き方
　一定のフレーズやテンポ、イントネーションで話す。
　音声だけではく、相手の声のトーンにも敏感。
　音楽にもこだわりがあり、電話での会話を好む傾向も。
　少し間を空けて、確認するように話す。
特徴的な言葉・表現
　「読めた」
　「ぶつぶつ言う」
　「ぺちゃくちゃしゃべる」
　「波長が似てますね」
　「あの日は賑やかでしたね」
　「もう少し私の話に耳を傾けてください」
　「なんだかひっそりとしていますね」
　擬音語を使う人も多い。
　理論的な文章を使って表現することを好むタイプ。
　文字や数字にも敏感で、定義を大事にする傾向がある。

＊話をする時は、静かな場所を心がける。
　ロジカルに話すと、理解してもらいやすい。

【触運動覚が鋭敏な人】

姿勢
　ちょっと頭を低くして、前かがみで話す。
呼吸
　深くてゆっくり、腹式呼吸。
動作
　無意識のうちに手を動かしながら話す人がいる。
　本人は全く気づいていないが、感情を手で表現しようとする。
　椅子にゆったりと深く腰掛ける人が多い。
　人にせかされたりするのを好まない。
話し方・聴き方
　ソフトな声でゆっくりと話し、話す時に大きな間が空く。
特徴的な言葉・表現
　「腑に落ちた」
　「胸が熱くなりますね」
　「心が冷え冷えとしてしまいました」
　「なんだかグッときますね」
　「胃が痛くなりました」
　「緊張した空気でした」
　「わくわく・どきどきします」
　温度や硬い・柔らかい、軽い・重いなど身体に感じるような比喩や、押す、くすぐるなど、身体を動かすような言い方も。

＊ゆっくり話してもらうことを好むので、こちらもゆったりとした気持ちで向き合う。
＊実物に触れ、実際に体験し、実感するのが好きなので、なにかを伝えたいと思ったら、なるべく体感させる。

人材育成編

4章　コーチングマネージャー

　従来の部下育成のほとんどは、一方的にいろんなことを教える「ティーチング」でした。
　しかしながら、「どう思う？」と一応問いかけてはいるけど、自分は正解を知っていると思っているから、最終的には自分の答えを教えてしまうケースや、自分の考えは正しいと思っているから結局はそれに近づけようとしてしまうケースが散見されます。

教えることの弊害

　確かに、部下がまだ何の知識も経験もない頃は、先生のように教えることが求められます。
　しかし、部下がある程度知識や経験を持ちはじめてからも、相変わらずティーチングに終始する上司が少なくありません。
　それは過保護で子離れできない親と同じです。そして親がそれは子どもにとって最善だと信じているように、上司も部下のためだと信じて疑いません。

　いつまでも教えることを止められない上司は、もしかしたら自分では気づかないうちに、教えることで自分の優越感を満足させているのかもしれません。
　「部下が失敗したらかえって仕事が増える、社での自分の立場も良くなくなる」などの自分本位の考えが潜んでいるのかもしれません。
　教えることの弊害は、他にもたくさんあります。

　教えてくれる人がそばにいる限り、人は真剣に答えを探し出そう

とはしません。正解を知っている上司に質問したり、指示をもらったりする方が安全で確実だと思っているからです。
　しかしそれでは部下はいつまでも精神的に自立できません。

　上司は確かに知識が豊富です。
　しかしそれを部下に教えるだけでは、部下のスキルはいつまで経っても上司と同じか、それ以下です。

　上司は確かに経験も豊富です。
　しかしそれを参考にしてベターを目指しても、しょせんバージョンアップにしかなりません。
　これでは、部下は新しい発想が持てないでしょう。

　ある程度成長した部下に教え続けることは、ある意味「百害あって、一利なし」です。

　それならば、ティーチャー（先生）の役を降りて新しい「役」にシフトしましょう。

成長を促すメンター

　メンターとは、「私もこうなりたい！」、「この人を見つめ続けていたら、きっと自分も影響を受けて、美しい形で成長できるだろう」と、相手が憧れる対象です。
　相手がそう感じるのには、もちろん理由があります。

　素晴しく仕事ができるのに、それを威張らない。
　答えを一方的に教えてくれるかわりに相談に乗ってくれて、大事

なヒントをくれる。

　決して「こうしなさい！」とは言わないけれど、「こうしたら？」「これでいいの？」と、問いかけてくれる。

　厳しいことを言うこともあるけど、それはあくまでも相手のことを思ってこそ。

　相手の人生までも思いやり、「支援してあげたい」と思っていてくれる。

　時には、相手を守ってくれることもある。

　そうやって、相手の成長を促す人が、メンターです。
　上司がメンターだったら、部下は本当に幸せです。
　メンターは求められない限り必要以上に介入せずに、継続的に応援してくれるからです。

　お互いに信頼し合っているから、当然人間関係はこの上なく良いでしょう。

支援するコーチ

　コーチは、成長を促すという意味ではメンターと同じですが、もう少し具体的に支援する人です。また必要とされるのは、人間としての魅力ではありません。

　コーチには、相手の思考に寄り添い、的確なタイミングで的確な質問し、できるだけ最短距離・最短時間でゴールに到達できるようにフォローするといった、コーチングスキルが求められます。

　庭師が植物の成長を助けるように、クライアントのメンタルの成

長を助けるのが、コーチの役割であり、クライアントの選択や判断を注意深く見守るのです。

　クライアントがいつの間にか忘れていた「宝物」を再発見したり、いつの間にか自分で自分を縛りつけていた「ロープ」をほどいたりする機会を作ってあげるのも、コーチの役割です。

　とはいえ、全部の面倒をみるわけではなく、責任の所在に関してはとてもクリアで、「結果に関しての責任は、すべてクライアントにある」と明言します。
　コーチは、クライアントがゴールと価値観をクリアにして行動に移す手伝いが役割であり、「そのプロセスには責任があるけれど、結果には責任がない」というスタンスです。

　その毅然とした間柄は、コーチとクライアントがお互いを自律した人間同士と認め合っていることが前提です。
　そしてそのような関係性は、潔くて清々しいものです。

人材育成編

教えることからの脱却

　教え魔は、上司失格です。
　部下に教えないことにはかなりの覚悟が必要ですが、部下を「教えない勇気を持つ」ということは、部下を「信じる」ということです。
　「教えること」から「質問すること」にチェンジしましょう。
　質問すれば、部下の思考にスイッチが入ります。

「質問」の約束事

　部下の言葉に振り回されないためにも、自分の先入観や固定観念を排除するためにも、丁寧に確認作業することが大切です。
　上司の思い込みや思い違いを避けるという明確な目的があるのですから、躊躇せずに訊いてください。

　ただし問いかけにはいくつかの約束事があり、コーチングにもつながる内容です。順守してください。

①倫理性
　こちらが望む答を導き出そうとするような質問はしない。

②タイミング
　答えやすいタイミングとそうでない時がある。
　言い淀んだら後で再度尋ねた方が良い場合もある。

③好奇心
　質問の内容は直面している問題に限り不必要な質問はしない。

不必要な質問は、好奇心に起因していることが少なくない。

④方向性
心が前向きになれるような単語やフレーズを使う。

⑤答は相手の中に
相手の答を先取りしない。
答えるまでにしばらく時間がかかったとしても、答は相手の心の中にあると信じて待つ。

このように相手の立場や心情を尊重する姿勢で向き合えば、部下との関係性を深める機会にもなります。
的確な質問は、マネジメントのスキルでもあるのです。

正確な情報収集のために

質問は「情報を集めたり曖昧なことを確認したりする」ための知的な作業です。公明正大に（私心なく堂々と）取り組み、質の高い会話にしましょう。
部下にとっては質問されることで「自問自答し、気づきを得る」機会にもなります。
部下が答えやすくなるよう、上司は自分なりの口調やトーンで、圧迫感をなくしながら話すことが求められます。

部下の言葉に振り回されないためにも、自分の先入観や固定観念を排除するためにも、丁寧に確認作業することが大切です。

【省かれたことを探す】
　省略された情報を取り戻してより完全に表現してもらいます。
　質問されることで、部下が自分でも忘れていたことを思い出すこともあります。

部下
　「私は自信がないのです」
　「私は不安なのです」
　「私は堪えられないのです」
上司
　「何について？」「誰について？」
　「いつ？」「どこで？」

【あいまいな代名詞を明確にする】
　代名詞は名詞の代わりですから、誰なのか、何なのか、はっきりしない場合がほとんどです。
　内容がはっきりしないと、的確な対処法が見出せません。
　物事をはっきりさせることで、部下が見当外れな信念やアンバランスな考えを見つめ直すきっかけにもなります。

部下
　「誰も分かってくれないのです」「みんなそう言っています」
上司
　「具体的に、誰が？」
　「具体的に、何が？」
　「具体的に、何を？」

【あいまいな動詞を明確に】

そもそも動詞とは内容が不明確な場合が多く、聴き手が勝手に想像する怖れがあります。

部下にとっても体験をより完全に認識できるきっかけになります。

部下
「彼は私を拒みました」「彼女は私を無視しました」
「私は苦しんでいます」
上司
「具体的にどうやって？」「具体的にどのように？」

【固まった意識をほぐす】

動詞は動きを表す言葉です。それを名詞化すると動きも意識も固まってしまい、変化可能のことや継続中のことまで変化不可能と思い込んでしまう傾向があります。

上司もその思い込みにつられがちです。

また、もともと質問は冷たい感じをもたれがちですが、名詞化はその傾向が顕著です。

名詞化した言葉を解きほぐして動詞に戻すと、言葉の雰囲気も部下の意識も和らぎます。

部下
「私は承認されていません」
「私は信頼を得たい」
上司
「どのように認めてほしいの？」
「どのように信じてほしいの？」
「どのように頼られたいの？」

人材育成編

部下の心を柔軟に

　ストレス状態にある部下は、マイナス思考になったり自分を過小評価したりしがちです。それに伴い将来の展望も悲観的になります。
　部下が限界を勝手に決めて自信喪失になりかけている時に、踏み込んだ質問によってその意識を壊すこともマネジメントの1つです。
　また、こうした質問は訊き手の思考が柔軟でなければできません。そう言った意味では、自分自身のマネジメントでもあると言えるでしょう。

【決めつけ】
　誰しも無意識のうちに何かを決めつけたり、偏見を持ったりすることがあります。しかしそのことで発生する矛盾を見い出せば、物事の捉え方が変わってきます。

部下
　「全てがダメなんです」
　「私はいつも失敗します」
　「私は決して成功しないんです」
上司
　「絶対に？」
　「本当にいつも？」
　「本当になにもかも？」
　「例外って、なかった？」

【思い込み】
　相手の感情や心情を分かっていると勝手に思い込んでいる信念は「妄想であって情報ではない」場合がほとんどです。

そこで、自分の思い込みに疑問をもたせます。

部下
　「彼は私のことを嫌っています」
上司
　「その根拠は？」
　「どうしてそれが分かるの？」
　「具体的にどのようにそれが確認できるの？」

【選択肢のない信念】

　他に選択肢がないと思いこんでしまう信念や心情は、周りに押し付けてしまいがちです。
　また相手を責めるきっかけにもなりがちです。
　別の切り口から考えて他の可能性や必要性や考え方を見出すことで、思考を広げるきっかけを与えます。

部下
　「これが正しいやり方です」「男性は女性を守るべきです」
　「新人は甘やかしてはいけません」
上司
　「もしそうしなかったら、どうなるの？」
　「もしそうしたら、どうなるの？」

【関係性のない理論】

　他の人の行動や事実（X）が自分の行動や感情（Y）を左右してしまうような信念がありますが、そこには明確な因果関係などないことがほとんどです。
　飛躍した論理を見つめ直すきっかけが必要です。

部下
「天気が悪いと、憂鬱です」
「彼が加わると、上手くいきません」
「彼がしゃべると、私はいらいらします」
上司
「XとYには、どんな関係があるの？」
「XとYは、どうつながっているの？」

マイナス思考をフラットに

　質問をすることで正確で豊富な情報を集め、部下が決めつけや思い込みなどでガチガチに固めてしまっていた思考を解きほぐしたら、あれこれとアドバイスを伝えたいところです。

　しかし様々な要因で下向きになっていた心をすぐにV字回復させることは簡単ではありません。

　マイナス思考に陥っている時は、自分や周りを過剰なほど低く評価したり、物事に対して否定的な捉え方をしたりします。
　「認知の偏り」と呼ばれており、端的に言えば考え方が歪んでいる状態です。
　歪んでいるならば、それを修正することが先決です。

　人は客観性を持てるようになってこそ、前向きな方向に目を転じることができるようになるものです。
　部下が自分の中に「もう一人の自分」を作り、自分や周りに対して公平な気持ちを持ち、冷静に自問自答できるようになれるよう促しましょう。

4章　コーチングマネージャー

マイナス思考はいくつかに区分されます。

相手の言葉の背景にはどんな心理があるのかを見極め、的確でタイムリーな「声かけ」を心掛けます。

【否定的なことだけに焦点を合わせる】

部下
- 肯定的な側面を無視する。
- 肯定面を過小評価する。

上司
「否定的・悲観的な側面だけを見ていない？」
「肯定的な側面も含めて、全体的に見ている？」

【大げさに考える】

部下
- 完璧主義で、できなかったことだけを思い出して悩む。
- 些細な言い間違いなどを、いつまでも思い出して、何度も気に病む。
- ある失敗をした時、「いつも」「これからもずっと」失敗するのではないかと心が萎縮する。

上司
「自分の考えの中で、事実の部分はどこ？」
「憶測が入ってない？」

【結論の飛躍／失敗を予測する】

部下
- 過度の心配性で、きちんと説明したと思っていてもお客様から断りやクレームがあったらどうしようと、ビクビクしてしまう。

上司
「相手のこう考えていると、確信を持って言える？」
「将来こうなると確信できるとしたら、その根拠は、なに？」

【感情的に考える】
部下
- 辛い・難しい（感情）⇒不可能だ、というように感覚で結論付ける
- 失敗した⇒気がきかない（感情）⇒能力がない、というように自分自身や周りに「レッテル」を張る。

上司
「その考えって、理論的？」
「自分の感覚だけで、決めつけてない？」

質問の注意点

　意外な訊き方がＮＧなので、要注意です。

「なぜ？」はＮＧ
　「なぜ、あなたはそうしたの？」
　このように訊かれたら、人はその時の心情やできなかった言い訳などを話したくなります。
　また、「なぜ？」と訊かれたら、責められているような気分になるかもしれません。

　「何が、あなたをそうさせたのですか？」
　このように問いかければ、何が原因だったのか、部下が考えて答えてくれます。原因が分かれば、その対策が具体的に講じられます。

原因解明や問題解決につながるような答えが欲しかったら、「なぜ？」はNGです。

前向きに
　「もしもダメだったら、どうしますか？」
　この質問は、ダメの可能性があるという前提であり、それでは前向きな思考につながりません。

　「もしも出来たら、どうなると思いますか？」
　これも、出来ないかもしれないことが言外に含まれているので、NGです。

　「達成したら、どうなりますか？」
　これならば出来ることが前提なので、前向きに考えてもらえます。

行動に導く
　「どうする？」
と訊かれても、曖昧すぎて返事に詰まるかもしれません。

　「一歩でも前に進むためには、何ができますか？」
と訊けば、思考は未来志向になり、可能性も見えてきます。

　「これからどうしたらいいのか」を考えてこそ、未来の目標がクリアになり、最初の一歩が見つかります。

　どんな行動も、小さな一歩がスタートです。その一歩を探すきっかけとなる質問をして、部下の背中を押してあげましょう。

言葉を和らげる方法

　上司が部下に質問をする場合、一番厄介な問題は相手が萎縮してしまうことです。たとえそれが単なる確認であったとしても、緊張してしまうでしょう。だからこそ、上司はその場の空気を和ませることが必要となります。
　どんなに踏み込んだ質問でも、気遣いを駆使することで相手に与えるストレスを和らげられます。
　逆にどんなに簡単な質問でも、気遣いのないアプローチでは部下の心は凍りつくばかりです。

例：（上司から部下へ）「その考えって、理論的かな？」

【トーン】

　「その考え方って、理論的かな⁉」
　と、直線的でちょっとキツイになっていたとしたら、上司にそのつもりはなくても、「それって理論的じゃないよね！」というような誤解を与えそうです。

　「その考えって、理論的かなぁ〜？」
　と、曲線的に上下させる感じにすると、その背景に「自分の意見や考えは一切差し挟まない」という意識や、「ちょっと考えて、それを私に教えてほしい」という依頼が伝わってきます。

　トーンを上下させることが苦手な人は、「どうだろう？」などの一言を加えると真意が伝わりやすくなります。

【スピード】

早口気味に話すと、スパッと切りつけるような印象になります。スピードはペーシング、相手に合わせることが基本です。

しかし質問をする時には、ちょっとした「間」や相手より心持ちゆっくりしたスピードを心掛けます。

「ちょっと質問したいけど、いいかな？」という気持ちを言外からも伝えたいからです。

【大きさ】

相手の声より心持ち小さくすることが肝要です。

声の大きさと威圧感は比例します。地声の大きな人は、大いに留意すべきところです。

また小さな声は、たとえ周りに誰もいなくても「ココだけの話」だというニュアンスを伝える効果もあります。

【姿勢・表情】

聴く時は前傾姿勢が基本ですが、訊く時にはミラーリングの方が効果的です。相手が腕組みをしていたり、背もたれに寄りかかったりしていたら、鏡のように相手と似たような姿勢を取ります。表情も同様です。

ミラーリングするには、相手のことをよく観ることが求められますが、それ自体が相手の心に寄り添うことに繋がります。だからこそ相手は無意識下で安心感を持つことができるのです。

人材育成編

5章　目標設定7つのルール

　目標達成というゴールがあれば、目指すべきものが明確になるので、努力し続けられます。
　加えて、人は目標があって初めて、輝きながら行動できるものです。ローソクが、点火されて初めて光り輝くのと同じです。

　自分で目的を持って目標を立てると、確かに責任を持つことになりますが、その代わりその人生は自分のものです。
　他人に目的や目標を決めてもらったら、責任からは逃れられますが、人生は誰のものか分からなくなります。

　上司が部下の目的や目標を決めてしまったら、部下の人生の責任は上司が取ることになりますが、当然そんなことはできません。ですから、目標は絶対に本人に立ててもらいましょう。

　仕事を与えた後に目標を設定させることは、部下が自主的・自律的に仕事に取り組むことにつながります。またどんなに小さくても目標を持たせることは、うつ病などの発症予防にもつながります。

　しかしながら、個々の特性を活かせる目標でなければ逆に委縮したりやる気を失ったりすることに繋がりかねません。また、相手の特性によって目標設定後のリードやフォローの仕方が変わることも前述したとおりです。

　とはいえ、目標が意外とあいまいになっていることも珍しくありません。

何を達成したいのか、誰と達成したいのか、いつまでに達成したいのか、目標を達成した時、達成したことをどうやって確認するのかなど、意外と具体的には決めていないことも多いのです。

そこで目標を設定する時には、7つのルールをおさえておきましょう。そうすれば、目標までのプロセスもクリアになってきます。

7つのルールは、以下の通りです。
① 避けたいことではなく、望んでいること
② 他人の変化ではなく、自分の変化
③ 気持ちの変化ではなく、行動の変化
④ 進捗(しんちょく)が測れること
⑤ やりがいがあって、現実的であること
⑥ ライフバランスがよいこと
⑦ すぐに行動できること

目標達成というゴールまでのプロセスで、部下をフォローすることが上司にとって大切な務めであることは言うまでもありません。
しかしそれ以前に重要なのは、目標が部下にとって的確なものなのか、スタートラインが正しい位置なのかを、部下に確認させることです。

① **避けたいことではなく、望んでいること**
一番大切なのは、本当に自分自身が心から望んでいる目標なのかどうかということです。
あたり前だと思われるかもしれませんが、立場や人間関係を考えたり、理想像を勝手に神格化したりして、自分でも気付かないうちに「あるべき姿」や「あるべき結果」を目標に設定する場合が珍し

くありません。特に仕事に関する目標に、こうした傾向が見受けられます。

　人は、幸せに向かって歩くべきであり、幸せに向かう道のりならば、プロセスも楽しめます。一方、イヤなことから逃げるだけなら、プロセスを楽しめないだけでなく、結果として幸せになれるとは限りません。

　例えば「お客様に振り回されない自分になりたい」のような、嫌なことから逃げるような後ろ向きの目標の場合は、振り回されてしまう自分のイメージにとらわれ続けます。自分の意識を自分の望まないことばかりに向けながら頑張り続けることは難しいでしょう。
　目標は前向きであるべきです。「お客様に毅然としている自分になりたい」ならば、イメージした時の自分に満足感や達成感を持てるようになります。

　目標へのプロセスにおいては、何かをあきらめなければならないなど後ろ向きになる場合があります。それを容認してモチベーションを維持できるようにするためにも、前向きで肯定的な意識の刷り込みが必要なのです。

② 他人の変化ではなく、自分の変化
　目標を設定する時は、自分自身の変化につながることが大切です。
　例えば「部下に、仕事ができるようになって欲しい」という目標の場合、部下が変化するわけで、あなたが変化するわけではありません。
　しかしながら部下の変化はあなたがコントロールできないので、ただの願望にすぎません。

自分で考えて、行動を起こして、自分自身が変化する目標であれば、すべては自分がコントロールできる範疇であり、それに伴い責任の所在も明確になります。

　目標を明言する時に、「私は、〜できるようになりたい」と言い換えられるかどうかがポイントです。

③　気持ちの変化ではなく、行動の変化
　目標が達成された時や、目標に向かって進歩している時に、そのことがはっきりと分かることが大事です。
　気持ちの変化は、正確に把握できません。しかし行動ならば、変化が明確化されます。
　目標が達成されたが分かるポイントを決めておきましょう。

　例えば、
　「緊張しないようになりたい」と願うなら、「人前でスピーチをする時、ドキドキしなかった」、「初めての人と会う時、笑顔で挨拶ができた」など、具体的な行動や言動に落とし込んだ目標にすることが、達成確認のポイントです。

　目標に近づいている、もしくは達成した時にそのことが自分自身で明確に認識できることが必要です。
　行動ならば自分が変化したかどうかが明確に分かります。しかし、気持ちの変化は客観的に判断することが困難です。
　要は気持ちの変化を行動に落とし込んでおくことです。

　第三者の評価を判断材料に加える場合も大切です。
　ただし、評価する側が相手に信頼されているかどうかが大きなポ

イントとなります。せっかくの客観的判断も相手が納得しなければまったく無意味だからです。

④　進捗を測れること

目標とは「達成することを目的」として設定するものです。

「いつまでに達成したいのか」を明確にしない限り、希望や願望の枠を超えることはできません。

またデットラインは仕事でいえば納期です。漫然とした約束ではなく、責任の存在する契約だという意識を持たせることが大切です。

プロセス時の「進歩」や達成時の「成果」を明確にし、進歩を測定するためには、まず時間設定をします。

目標達成までのデッドラインを決めるために、「達成するまでに、どのくらいの期間がかかるのか」、「いつ、この目標を達成したいのか」、「プロセスの中で、どれくらいの頻度で進行状況を確認するのか」を検討します。

比較する対象を決めることも大事です。

一つは、自分自身と比較です。今の自分の能力を測って、「いつまでに、どこまで伸ばしたいのか」の数値を設定すれば、進歩や目標達成ができたかどうか、はっきり分かります。

もう一つは、他人と比較です。「チームで売上げNo.1」、「誰彼よりも上位」なども進歩が分かるものさしになります。

誰かと競うことでモチベーションを持てるタイプには有効です。しかしチームワークを大事にしたいタイプにとっては、遠慮や気遣いが先に立って実力を発揮できないケースが見受けられます。

進捗状況は今を客観的に判断する材料です。よって確認することも上司のフォローの一つです。

　順調であれば励みになります。次のステップへの課題も自ずと見えてきます。進捗が芳しくない場合であっても、遅れを取り戻したり目標を微調整するチャンスとして大いに意味があります。

　ただし進捗確認の頻度は、部下の特性によって変える必要があります。

　部下が受動的なタイプの場合は物事が着実に進んでいるのか、周囲との連係が上手くいっているかを気に病む傾向があるので、頻繁に確認されると安心します。

　しかし能動的なタイプは、自分に自信やプライドを持ちながら仕事に向き合っているので、頻繁に確認されると「自分は信頼がない」と自信喪失になったり、「自由度がない」と鬱陶しく感じたりすることがあります。

　確認の目的は、部下の現状把握とモチベーションの維持です。

　上司自身が心配性や放任主義だったとしても確認の頻度は自分ではなく相手の特性によって見極めることが大切です。

⑤　**やりがいがあって、現実的であること**

　目標は、達成するために立てるものですが、簡単すぎても難しすぎてもやる気がでないものです。

　今の自分を考えて本当にそれが可能なのかどうかを検証します。そうでなければただの夢物語です。

　コツコツと物事に向き合うタイプの場合、あまりに大きい目標だとそこに到達する可能性に不安を感じたり戸惑ったりします。努力を重ねれば確実に達成できると思える目標であれば、現実的な計画

を立てながら自発的に取り組むようになります。

　自分が大好きで自己評価が高いタイプは、自己成長や自己実現につながると感じれば、大きな目標であってもひるまずチャレンジしようとする傾向があります。リーダー的な要素が強く周りを引っていけるタイプは、キチンとした論拠があれば、どんなに壮大な目標であっても納得して突き進んでいこうとします。

　やりがいの感じ方や現実的かどうかの判断は様々です。会社や部署の目標は統一見解として掲げつつも、個々の目標の意義やボリューム、達成するために必要な期間などは部下の資質を考えながら提案することが求められます。

⑥　ライフバランスを考える
　すべての利益は、必ず何らかの損失が伴います。この目標を達成するために犠牲にしなきゃならないもの（時間、お金、出会いなど）を考えてみましょう。
　自分の人生で大切にしている家族や友人達を頭に描いて、この目標がその人達にどんな影響を及ぼすのかを考えることも、重要です。

　目標に喜びややりがいを感じ、無我夢中で邁進(まいしん)するタイプが部下にいたら、上司としては頼もしい限りです。しかしそれが必ずしも喜ばしいとは限りません。
　部下には、目標を設定したら犠牲にしなければならないものを冷静にピックアップさせてみます。目標を達成した後に得る「成果」とそのために払う「代償」のバランスを考えることは、モチベーション維持の上でも大切です。
　目標を達成するまでの過程や達成後の結果が、大切な家族や友人たちなどにどのような影響を及ぼすのかを深慮することも大変重要

です。

　サービス業では、お客様のために滅私奉公も厭わないスタッフが少なくありません。しかしその結果心身が壊れて、仕事から離れるスタッフが多い現状から目を逸らすわけにはいきません。人財の確保のためにも、一人の人間の一生のためにも、ライフバランスは上司も共に考えるべき事案です。

⑦　すぐに行動できること
　どんな目標も「最初の一歩」を踏み出さない限り、辿り着くことは決してありません。いざ実行！という時になって部下の足が止まるようでしたら、上司はその原因を一緒に丁寧に探索する必要があります。

　原因は、納得不足かもしれません。
　本人が心から望んでいるかどうか、目標が本人にとって肯定的かどうか、本人にとってやりがいがあるかどうか、本人の能力を鑑みて現実的であるかどうか、検証してみます。もしかしたらどこかに迷いがあるのかもしれません。自分が決めた目標であっても、社内での立場を優先しながら設定した場合には時にこうしたことが起こります。

　本人がコントロールできる目標でしょうか。
　自分の足ならば、いつどの方向にどれくらいの歩幅で踏み出すのか自分で決めることができます。しかし他の人の足を動かさなければ物事が始まらないのであれば、「その人の行動を促すために自分は何ができるか」というように、自分自身の足を踏み出す＝自分でコントロールできる目標となるよう、設定を再構築する必要がありそうです。

ライフバランスはどうでしょうか。

計画を立てようとすると、犠牲にするものがリアルに目の前に出現してきます。成果と代償のバランスを考えて一旦は納得したつもりでも、いざ実行しようとするとジレンマに陥って躊躇することがあっても不思議ではありません。目標までのプロセスや達成した後の結果が自分や大切な人たちの生活やメンタルにどのような影響を及ぼしてくるのか、今一度深慮する必要があるかもしれません。

いざ行動計画を立てようと考えた時に、障害があることに気付く場合もあります。

例えば目標を「次のイベントで来館者数を増やす」に設定し、「日程を決める」ことを第一歩にしようとしたら、「他部署との意見の相違」という難問にぶつかるかもしれません。その場合は「他部署と見解を共有する」など、その障害を取り除くことを最初の目標に設定し直すこともいいでしょう。

どんなに小さなステップであっても、必ず踏み出すことです。

それをすることによってのみ、目標が「絵に描いた餅」から「現実的なもの」に変わります。

目標が達成できないのではないかという恐れや、責任の重さから逃れたいという気持ちから、謙遜を装って「目標が設定されました」というような受動的な言い方になることがあります。

しかしそれでは誰が責任を持つのか、誰が実際に行動するのかがあやふやです。

目標も行動計画も本人が「私は＊＊をする」というように、自分自身の言葉で能動的に明言することが大切です。

価値観

　7つのルールに沿って適正な目標が定まったら、最後にもう一つ確認してほしいことがあります。それは「何を持って、その目標が適正だと思ったのか？」ということです。
　まるで禅問答のようですが、これは『価値観』を探す営みです。

　目標を設定するときには、誰しも意欲に満ちています。
　しかし目標に向かう途中で、自信が揺らいだり、迷いが生じたりすることも珍しくありません。何かをあきらめなければならないこともあるかもしれません。
　そんな状況下であってもモチベーションを維持するためには、価値観を確認することが大変重要なのです。特にお客様のためにはどんな苦労も厭わないという高い志を持っているサービススタッフにとって、価値観は心強い支えとなるでしょう。

　価値観は抽象的であることが多く、愛、誠実、誇り、尊敬、健康、忠誠、安全、安心、友情など様々です。
　部下に対して、以下のようなフレーズを何度も何度も問い続けてみてください。
　「この目標が達成したら、あなたは何を得られますか？」

　この問いを繰り返していくと、同じ単語が出てくることがあります。その単語を言う時に表情が生き生きとして、声に張りが出ることもあります。
　その単語こそが、その人にとって大切な価値観でしょう。

部下の特性と対応

目標

　部下によって、設定したい目標はさまざまです。それは、部下の特性が関係しているかもしれません。

　「壮大な夢を掲げて、モチベーションアップ！」という部下は、夢・希望・理想を持っていて、その価値観を大切にしたいタイプです。夢を実現するのが本人の大いなる望みなので、ある程度長期的なスパンでの目標でも楽しみながら進めようとします。

　「目標の目的が明確じゃないと動かないけれど、明確になったら、達成に向けてまっしぐら！」という部下は、信念を大事にして、決断力もあって、一人でもやり遂げるタイプです。長期的なスパンの目標であっても、短中期に区分けして理論的体系的に進めていこうとします。

　「確実に実現可能な目標に向けて、コツコツ積み上げたい」という部下は、安全・正確・完璧を目指し、リスクを避けたいタイプです。何年も後の目標とか夢を尋ねられたら困惑しますが、短期間で見通しがつく目標ならば、計画的に進められるので安心して取り組めるようです。

　このように部下によって、タイプは様々です。
　それぞれの特性に寄り添いながら目標設定を促しましょう。

5章　目標設定7つのルール

フォロー
　部下が目標を明確にして、最初の一歩を踏み出した後には、目標までの「プロセス」があります。
　プロセスは、小さな決断の連続です。時には道を間違えたり、足が止まったりすることがあるかもしれません。
　部下が目標に向けて、進んでいるかどうか、そばにいて、フォローすることが、次の仕事です。

　懇切丁寧なフォローを望む部下もいます。上司は信頼しているつもりでも、時折り声をかけて確認してあげないと、本人が見捨てられた感を持つ恐れがあります。
　逆に細かいフォローを嫌がる部下もいます。親切心で進捗状況を確認しても、鬱陶しいなぁと思われる場合があるのです。

　一番大事なことは、部下がきちんと目標までたどり着くことです。部下の特性をきちんと見極めて、部下にとってベストの関わり方をしましょう。

　部下の心に寄り添い、部下を信じ、観て聴いて、見守り、支援する。そうやって部下の成長を促すことは、部下が自分で「できる部下」に成長することです。

　自分で成長する部下は、自律しています。
　自律している部下は、自発的に仕事をします。
　自発的に仕事をする部下は、そこからまた成長します。

6章　メンタルヘルス

新たな役割

　マネージャーの役割は多岐にわたりますが、最近は更に新たな役割が加わってきており、その責任の重さは特筆に値します。なぜならば人の命にかかわる場合もあるからです。

　厚生労働省は「職場のメンタルヘルス対策」を義務化する方針を打ち出し、労働安全衛生法改正により2015年12月から従業員50人以上の事業所で「ストレスチェック」が健康診断同様に必須となりました。その目的は、うつ病などになる前段階で、ストレス度合いを把握することです。

現場の現状

　精神障害の原因となった出来事のトップは「上司とのトラブル」だという統計があります。部下側が一方的にそう感じているだけで、上司側にはトラブルという意識がない場合もありますが、いずれにしても上司としての有り様が問われるでしょう。

　2番目に多いのは「仕事内容や仕事量の大きな変化」です。特に仕事の質の変化は、大きなストレスとなります。

　ホテルであれば、たとえ料飲部門内であっても、宴会サービスとレストランでは職務内容は大きく違います。

　同じレストラン内であっても、ホール担当から人材育成や人事評価、マネジメントなど仕事の内容が変わった場合など、たとえ昇進という一見良いと思われる変化であっても、新しい出来事が心に負荷を与えることがあるのです。

ストレスとは

ストレスの起源

ストレスというと現代の問題のようにとらえがちですが、原始時代からあるものです。

例えば猛獣などに遭遇した時には、それが命にかかわるストレスとなります。そこで人類は猛獣と戦うためにアドレナリンを出して運動能力を上げたり、傷口の止血を促すなどの効果を持つようになったといわれています。

ただし、原始時代と現代では大きな違いがあります。それは、原始時代のストレスは、例えば猛獣を倒したり逃げることができたらそこでそのストレスはなくなるなど、一過性のものが中心でした。

しかし現代のストレスは、一過性でないものが多く、また複合的に起きることも多いので、心身に与える影響が大きくなっているのです。

ストレッサー

一言にストレスといっても、実はいくつかの意味があります。

一つは、心理的あるいは身体的な負担になる出来事や要望などの「ストレッサー」です。

＊物理的ストレッサー（寒冷、高温、多湿、騒音など）

＊化学的ストレッサー

　（化学物質による臭気や身体への刺激など）

＊生物学的ストレッサー（細菌感染、花粉など）

＊心理社会的ストレッサー
（立場や役割に伴う負担、人間関係に伴う負担など）

　現代最も深刻といわれており、うつ病などの要因とされるのが心理社会的ストレッサーです。
　自分だけで問題解決できないことが多いので、継続的になることも多く、負担が大きくなっています。

ストレス反応

　ストレッサーによる負担によって引き起こされた心理的、身体的、行動的な反応を「ストレス反応」といいます。

　人の心をボールに例えると、ボールを押している指が「ストレッサー」、押されて凹んでゆがんだボールが「ストレス反応」です。そしてストレッサーによりストレス反応が起こっている状況が「ストレス状態」です。

　心に大きなダメージを与えるのは、大きなストレッサーだけではありません。小さなストレッサーであっても、一時期に重なったり、長期間継続したりしていると影響は大きくなります。
　また小さいが故にそれが「ストレッサー」であることや、自分が「ストレス反応」を起こしていることを見逃しがちです。

　ある意味、自覚できる大きなストレッサーよりも要注意といえるかもしれません。

ストレス反応の変化

①警告反応期

ストレッサーにより心が圧迫されると、抵抗力が通常よりもぐっと低下します。

②抵抗期

その後「闘争（ストレスと戦おうとする）・逃走（ストレスから逃れよう）反応」が起こります。

「アドレナリン」が分泌され、戦ったり逃げたりするために、心拍数を上げたりあらゆる方面で頑張ろうとします。

ストレスをパワーにし、仕事も精力的にこなします。いつの間にかストレッサーの対する意識も下がってきます。

③疲憊期(ひはい)

しかしストレッサーがあまりに大きかったり、長期間継続したり他のストレッサーが重なったりすると、心身に変調を起こします。ある朝突然起き上がれなくなって、初めて自分が極度のストレス状態であったと気づくことも珍しくありません。

部下のメンタル不調の主原因がプライベートにあると推察される場合どこまで関わっていいのか悩むところですが、仕事に支障が出ている状況ならば当然マネジメントの範疇です。

部下が自らマイナスな状況を話すことは少ないので、ストレス状態であるかどうか、細やかな観察が求められます。

身体の変調

「頑張るストレス状態」にある場合、身体に変調をきたします。

【自律神経】

自分で意識しても自由に調節できないのが自律神経です。

胃腸不調や異常発汗、動悸などが見受けられたら黄色信号です。

【ホルモン】

バランスが崩れると髪の毛が薄くなったり、円形脱毛になったりします。女性は生理が不順になったり止まったりもします。

女性マネージャーは、ウーマントーク中にさりげなく気に留めておきましょう。

【免疫】

ストレスで免疫力が低下すると風邪をひきやすくなります。風邪は自律神経やホルモンに比べて、主観的にも客観的にも分かりやすいサインです。

ストレスによる心身の変調は、重大な疾患につながることもあります。
* 自律神経が血管・心臓を締め上る⇒高血圧・心拍数増加⇒心筋梗塞
* 血液内の血小板増加⇒血栓ができやすくなる⇒脳卒中・大動脈破裂
* 血液内の鉄分が血管内細菌を増殖⇒血管破裂⇒大動脈破裂
* 免疫細胞内遺伝子「ＡＴＦ３」活動　⇒がん細胞への攻撃停止⇒がん細胞増殖

心の変調

「我慢するストレス状態」にいる場合、心に変調をきたします。
「コルチゾール」分泌により、記憶や感情のコントロールを司る脳の「海馬」の神経細胞の突起が減少したり損傷したりすることで、記憶や感情コントロールの機能が減退します。

消極的になったり攻撃的になったり、重大な事案を安易に決定したりするようになり、うつ病が認知症につながる可能性もあります。

変化を見逃さない

様子や仕事ぶりが変貌してきたら気分障害の徴候かもしれません。着目すべきは「いつもとは違う」変化です。他人と違うタイプであっても、元々そうであればそれは個性であって兆しではありません。

毎週月曜日の朝礼時など、タイミングを決めて「定点観測」すれば変化に気づきやすくなります。

いずれにしても必要なのは、常日頃の部下の様子を把握しておくことです。

【様子】

①服装や身だしなみに無頓着
②体重の急激な増減
③食欲不振
④体調の悪化
⑤睡眠不足による居眠り
⑥飲酒やタバコの急激な増加
⑦感情の起伏が激しくなる

⑧急に人を避けるようになる
⑨自分や人に対して攻撃的になる
⑩大声で話す
⑪無口になる
⑫異常な喉の渇き　　　　　　など

【仕事】
①遅刻・早退の増加やくり返し
②無断離席が目立つ
③無断欠勤が続く
④単純なミスやトラブルの増加
⑤仕事のペースダウン
⑥納期が守れない
⑦整理整頓ができない
⑧メールの異常（頻度・長さなど）
⑨話や文章に一貫性がない
⑩口論が増える　　　　　　　など

うつ病

　2009年厚生労働書の発表によると、2008年のうつ病患者数は100万人を超えました。10年間で2.4倍です。しかし医療機関にかからない患者が含まれておらず、潜在的な患者はその10倍いるのではないかと専門家は考えています。12〜13人に一人はうつ病予備軍であろうと言われる所以です。
　自分の部下だけでなく、上司やお客様の中にも経過観察が必要な人がいるかもしれません。決して他人事ではないのです。

抑うつ状態が慢性化すると、うつ病になります。うつ病は休職が治療の根幹となるので、当然社内の生産性や利益損失に大きく関わってきます。

また上司は本人に対するケアと、他のスタッフのモチベーション維持にかなりのエネルギーを割かれ、自分本来の仕事に支障をきたす恐れもでてきます。

新型うつ病

従来うつ病の人は、仕事や人間関係に対して真面目、周りに迷惑をかけたくないから頑張りすぎる、誰にも相談しない、うつ病などを恥ずかしいと感じるなどの傾向があります。

最近増えてきたといわれる新型うつ病は、他のスタッフへの心理的悪影響が大きい症例なので特に問題視されています。仕事後や休日は元気いっぱいで勤務時間中はうつ状態という、一見「怠けている」としか思えない症状だからです。

従来型うつ病と違い受診にも治療にも積極的ですが、従来型が「自責」だとすると新型は「他責」。会社や上司などに病気の責任があるのだから自分の面倒をみるのはあたり前だという意識で、休職と復職を何度も繰り返します。

このような症状や考え方に接していると、同僚は「サポートしてあげよう」という気持ちが持てず、現場の空気は険悪になりがちです。一人の病気が全体のモチベーション低下を引き起こし、職場風土や業績などへの影響は甚大です。

その上自殺率は従来型同様高いので、上司や人事担当者、カウンセラー、産業医などは対応に忙殺されてしまいます。

日本の自殺率は、先進国第2位

2011年WHOの資料（世界105カ国）を見ると、自殺率は先進国

ではロシアに次いで2位の高さ。アメリカの2倍、欧州の2～3倍以上です。その原因の一つがうつ病などの気分障害です。

　うつ病者数は女性が男性の約2倍ですが、自殺者数は男性が女性の約2倍。女性は男性に比べてストレスを周りに話して発散したり、病院で治療を受ける人が多いからだと言われています。

　こうした現状を組織レベルで考えると、ストレスのことを話しやすい環境を整えればうつ病の発病や悪化を防げるということです。
　厚生労働省の指針の一つ、ラインケア「職場でのケア」がそれに当たりますが、それを直接的に担うのは直属の上司です。
　それ故メンタルヘルスケアの研修で、人事部以外の管理職を目にすることが最近特に増えてきました。

マネージャーとしての責務

　現在は管理監督者としての役割が期待されています。
　以下は、厚生労働省の「労働者の心の健康保持増進のための指針」です。

　①セルフケア
　　（労働者自身によるストレスへの気づきと対処）
　②ラインによるケア
　　（管理監督者による職場環境等の把握と改善、労働者からの相談対応）
　③事業場内産業保健スタッフ等によるケア
　　（産業医、保健師、人事労務などによる①②への支援）
　④産業場外資源によるケア
　　（医療機関、労災病院MHC、産業保健センター、EAP）

　①セルフケアでまず大切なことは、自分自身でストレス状態に気づくことです。自己分析のツールとしては「職業性ストレス簡易調査票」が広く活用されていて、中央労働災害防止協会や東京医科大学などのサイト上でも紹介されています。
　CMI（健康調査票）、SDS（自己評価式抑うつ性尺度）、POMS（気分評価尺度）、STAI（状態・特性不安検査）など複数の心理テストでテスト・バッテリーを組むと、より自己理解しやすいでしょう。

　プライバシーが守られ人事評価には反映しないという条件下ならば、率直に書き込んでくれます。部下に薦めてはいかがでしょうか。

セルフケアには上司に相談をすることも含まれていますが、相談しやすい環境であることが大前提です。言い換えれば上司との関係性が、早期発見・初期対応というメンタルケアにおいて最も貴重な機会の有無を左右します。

「最近どう？」といった声かけが、部下が相談をもちかけるきっかけとなることが少なくありません。是非励行してください。

②ラインケア（職場でのケア）が入っている理由は、従業員が精神障害になったり、なりかかったりしている時、最初に気付くのが同僚や上司であることが少なくないからです。

そういった意味では従業員の直属の上司に当たるマネージャーの責務は決して軽くありません。

ちなみに管理監督者の具体的な役割は５つに大別されます。
① 正しい知識の習得・普及
② 予防育成のための人的サポート
③ 早期発見
④ 正しい初期対応
⑤ 職場復帰の支援

職場環境等の把握や、管理監督者による精神障害の早期発見は、日頃の観察なくして為し得ません。また職場環境等の改善や、管理監督者による相談対応、人的サポートや初期対応、職場復帰支援を実行するためには、部下に提言や提案を受け入れてもらえるような「人間関係」が大前提となります。

要は従業員との関わり方を深めていけばいいのですが、もちろんそれ相当の注意事項があり、独自のスキルが必要となってくるので、

気の重い責務かもしれません。

　しかしそれは職場での人間関係の礎に通じるものでもあり、ひいてはお客さまへの接遇やクレーム処理にもつながります。

　2012年5月2日に内閣府より「自殺対策に関する意識調査」が発表されました。2008年の第一回調査に比べて、4.3ポイント増加の23.4％が「本気で自殺したいと思ったことがある」と答えています。実に、4人に1人の割合です。

　特に注目されているのは年代別調査結果で20代が28.4％と最も多いことです。また、男女別でみると女性は27.1％で、男性の19.1％を大きく上回っています。

　それを乗り越えた方法として、複数回答ながら「身近な人に悩みを聞いてもらった」が38.8％でトップでした。
　しかし一方で、全回答者のうち43％が、誰かに相談したり助けを求めたりすることにためらいを感じています。

　部下にとって上司が心身共に「身近な人」になれるように、全身全霊で向き合うことが求められています。

人材育成編

仕事の与え方

　こうした厳しい世情の中であっても、仕事の能率を上げ、生産性を伸ばしていかなければ、会社は存続できません。上司は上司としての役割がありますが、部下にも会社の人間として、仕事で踏ん張ってもらう必要があります。

　部下に仕事を与える上で、職業性ストレスの観点で大切だと言われている留意点は次の４つです。

① **仕事量**

　2000年に最高裁は「電通事件」で、業務遂行に伴う疲労や心理的負荷等が過度に蓄積することから発症したうつ病、自殺に対して企業側の責任を認めました。2001年に東京高裁は「三井電気サービス事件」で、会社と上司の連携責任を指摘しました。

　このような事例を踏まえ、2006年から長時間労働に対して医師による面接指導が義務付けられるようになりました。過度の疲労や残業を負わせる仕事を与えることは、うつ病などの要因となり、会社の責任と見なされているからです。

② **自由度**

　どんなに忙しくても自分でペース配分できると、ストレスはかなり軽減できるものです。進捗状況に関する報告を密にさせること、締め切りを厳守することを前提に、管理する範囲を明確に決めることが肝要です。

　職場の方針や企画などに自分の意見が反映されているかも自由度の範疇に入ります。採用するかどうかは次の段階。まずはアイデアや要望を社員から聴く姿勢を示すことが、部下のモチベーション維持に繋がります。

③ 適正

「昇進うつ」という言葉があるように、昇進や移動による職務内容の変化が、うつ病や心身症のきっかけになることが少なくありません。

サービス業務の内容は多岐にわたります。部下の可能性を広げるためと思った転属や、学歴や社歴などによる昇進が、病気や退職に繋がる事例を目にすることがあります。本人の希望は時として心の叫びです。今まで以上に耳を傾けることが求められています。

④ サポート

「任せて、任せず」とは松下幸之助氏の言葉ですが、問題を共有して、相談にのってもらえる上司の存在こそ、部下にとっての心の支えです。

部下から接してきた時が一番のコミュニケーションチャンスです。その時に「あなたはそれについてどう思う？」といった対応で、本音を言いやすい環境を作ります。

また、不平不満などを言いやすいように「今一番不安に感じていることがあるとすれば、何？」といった問いかけも有効です。

7章　職場のいじめ

　2012年1月30日に厚生労働省のワーキンググループがパワーハラスメントの定義を明文化ました。

　都道府県労働局に寄せられる「いじめ・嫌がらせ」に関する相談が、平成14年度約6,600件から平成22年度約39,400件と6倍にも増加した現状も報告されました。

　また、労働者に対するアンケートで約17人に一人（約6％）が「職場で自分がいじめにあっている)」、約7人に一人（約15%）が「職場でいじめられている人がいる」と回答しているとの報告も加えられています。

　もともとこのアンケートは「労働者のメンタルヘルス不調の第一次予防の関する調査研究」の一環として行われたものです。

　2011年12月に「メンタルヘルス不調により精神障害の労災基準」を定めた厚生労働省は、いじめの問題を安全（健康）配慮義務としても重要視しているのです。

　平成10年以降、14年連続で年間自殺者が3万人を超えていました。東北大震災の2倍、交通事故死の6倍という凄まじい数字です。

　その中に、いじめが原因でうつ状態になり自殺に追い込まれた例も数多く含まれているのではないかと思われています。

　「職場うつ」の主因の一つが仕事上の人間関係だからです。

いじめの加害者

　今回発表された定義は、『職場のパワーハラスメントとは、同じ職場で働く者に対して、職務上の地位や人間関係などの職場内の優位性を背景に、業務の適正な範囲を超えて、精神的・身体的苦痛を与える又は職場環境を悪化させる行為』というものです。
　特筆すべきはパワハラの加害者の定義が広がったことでしょう。

　これまで、パワハラの加害者は権力を行使する上司と認識されてきました。ですから上司は、自分の言動を部下がパワハラと捉えないよう、良好な人間関係の構築を目指してもきました。また「～をしてはいけない」「～と言ってはいけない」といったNG集を、いつも念頭に置く必要もありました。
　それらは確かに大変なことではありますが、一対一の関係性だけを考えていればいい、という一面もあります。

　しかし今回の定義は、相手よりも優れた能力を持っていると客観的に認められた部下が上司に対して、また同僚が同僚に対して行う嫌がらせも、パワハラと認めています。
　「職場内のいじめ」全てがパワハラだという捉え方となり、誰もが加害者になり得るのです。

　当然、管理監督者である上司は、部署内の先輩・後輩間や同期同士の関係性にも目を配り、トラブルに介入し、解決に導くマネジメント力も求められるようになります。
　まずは、いじめに関して深く理解する必要がありそうです。

いじめの見極め方

　厚生労働省がパワーハラスメントの定義と共に発表した具体的な行為は、以下の通りです。
　①身体的な攻撃（暴行・傷害）
　②精神的な攻撃（脅迫・暴言等）
　③人間関係からの切り離し（隔離・仲間外し・無視）
　④過大な要求（業務上明らかに不要なことや遂行不可能なことの強制、仕事の妨害）
　⑤過小な要求（業務上の合理性なく、能力や経験とかけ離れた程度の低い仕事を命じることや仕事を与えないこと）
　⑥個の侵害（私的なことに過度に立ち入ること）

　個人が不満に感じたとしても、指示や注意、指導が業務上の適正な範囲で行われている場合は該当しないと明言されています。
　しかしながら業務上の指導との線引きが難しい部分があり、誰が適性と判断するのかという点も不明確です。

　今後この定義は変わっていく可能性大だと思います。なぜならば子どものいじめに関しての定義では、この判断基準がこれまでに二度も修正されているからです。
　いじめが社会問題の一つとして大きく捉えられ始めた1985年に文部省（当時）が最初に発表した定義は、「自分より弱い者に対して一方的に、身体的・心理的攻撃を継続的に加え、相手が深刻な苦痛を感じているもの。そして学校としてその事実を認識しているもの」というものでした。
　それが1995年には、「いじめか否かの判断は、児童の立場に立って行なうこと」と修正されました。

そして最新の定義は2007年の「当該生徒が一定の人間関係のあるものから、心理的・物理的攻撃を受けたことにより、精神的な苦痛を感じているもの」です。

本人がいじめられたと感じたら、それは「いじめ」ということなのです。

担当省庁が明文化した定義は社会の認識を大きく左右し、何かを論じようとするときにはそれが礎となりがちです。しかし定義だけでは包括できない事例が続き、裁判や損害賠償請求が多くなると、それが定義の修正のきっかけとなります。

そう考えると、職場におけるトラブルを大きな事件や訴訟などに至らせないためには、今のうちから子どものいじめの定義の変遷を意識すべきでしょう。

厚労省からは予防策と解決策も提示されました。
［予防策］
① トップのメッセージ
② ルールを決める
③ 実態を把握する
④ 教育する
⑤ 周知する

［解決策］
① 相談や解決の場を設置する
② 再発を防止する

まさに「言うは易し」のオンパレードですが、諦観している暇はありません。早急に対応策を練る必要があります。

しかし、今の現状を把握しなければ対応は絵に描いた餅です。

いじめの隠蔽化

　部下が自信喪失になっているときなどには、具体的なことを尋ねても答えてくれないことがあります。その背景に職場内での人間関係があると推察される場合は、いじめの存在を疑う必要があるかもしれません。
　セクハラやパワハラなど職場でのいじめは、なかなか表に出てきません。加害者は当然言わないでしょう。被害者が様々な理由で隠したい場合もあります。
　一方、上司の何気ない言葉や問いかけが隠蔽化につながる場合も少なくないようです。

「うちの部署には、問題なんてないよね！」
　上司はそう信じているのでしょうが、自信満々に断言されると悩みを持っていたとしても言い出せなくなるものです。

「気にしない方がいいよ！」
　上司としては元気づけたい気持ちです。
　しかし心が折れかかっている、もしくは折れてしまっている側は「気にしている自分が至らないのだ」と思って、益々落ち込む場合もあります。

「なにかの間違いじゃない？」
「それってイタズラじゃない？」
　確認の意味でしょうが、本人は自分がいじめと感じたことを否定されたように感じてしまいます。

「どうして言い返さなかったの？」
「どうして言い返さないの？」

　それができないからこそ悩んでいるのですから、本人にとっては返答できない質問です。

　出来ない自分がダメなんだと自己嫌悪に繋がりかねません。

「あなたにも悪いところがあったんじゃない？」
「相手に悪気はなかったんじゃない？」

　上司としては公平性を保ちたいが故でしょう。

　しかし、上司を加害者の味方と感じてしまうかもしれません。

　また、相手のことを好意的に考えなかった自分を責めるきっかけになる恐れもあります。

　どれも一見すると大人の対応です。

　しかしここで留意すべきは、サービス業従事者の多くは情感豊かだということです。どんなに過酷な状況であっても「ありがとう」の言葉をモチベーションにできる彼らは、言い換えればとてもナイーブな心を抱えています。

　そうした部下たちにとっては、上司の言葉の一つひとつの影響は計り知れないほど大です。ボロボロになっている部下の心に矢のように心に突き刺さないためには、慎重な言葉選びが大変重要です。

　また、昔のいじめはわかり易くて、ドラえもんに出てくるジャイアンがのびた君をいじめるような構図でした。しかし今は、そのジャイアンを操っているのがデキスギ君やしずかちゃんというようなパターンが決して珍しくありません。と言うよりも、子どもの世界ではその方が多いと言われています。

加害者の隠蔽が巧みになっているのですから、外から見ただけで判断をするのは極めて危険です。

いじめの対処法

いじめの構造は、加害者・被害者・観衆（はやしたてる）・傍観者（知らないフリをする）・無力な大人（気付かない・深刻に扱わない・解決できない・何も言わない）で、成り立っています。

被害者が恨む対象は加害者だけではありません。時にはそれが無力な大人にまで波及することがあります。もっと言えば、加害者以上に恨む場合もあります。

職場でいえば、上司です。「助けてほしい」という心の叫びに気付いて真剣に受け止めて欲しいが故でしょう。

気分障害の早期発見同様、普段から部下の様子に気を配り、ほんの少しでもマイナスの変化を見つけたら声かけをして、部下が相談しやすい環境をつくることがまず第一歩です。

それでも部下の口は重いでしょう。
何故ならば、状況を話すことで新たな負担を抱えるのではと、危惧しているからです。

［相談と告げ口の違いを明確にする］
職場の仲間のことを言うのは告げ口や悪口にとられないかと思いがちです。
しかし相談は「問題解決のための前向きな行為」であり、告げ口とは明確に違うのだと伝えたいものです。

［気持ちを受けとめる］

　事実かどうかを検証するのは後にします。

　まずは「つらかったねぇ」「悲しかったねぇ」と気持ちを共有していることを伝え、安心して話せる準備をさせてあげます。

［言葉を信じる］

　心の傷は決して目に見えないので思い過ごしだと言われるのではないかと心配しています。

　たとえ騙されても構わない、今はその言葉を信じきるという覚悟がなければ、相手は真意を話してくれません。

［味方だと伝える］

　ハッキリと言葉で「私はあなたの味方だ」と伝えれば、たとえ解決までに時間がかかっても向き合っていこうとする勇気が持てます。

［次々と質問しない］

　思いがけない話を聞くと、思わずあれこれ確認の質問をしたくなるものです。

　しかし言い出すまでに時間がかかるように、何日かけて少しずつしか話せない場合があります。

［相手の意向を尊重する］

　加害者を呼びつけて確認したり叱責したりしたくなるかもしれませんが、被害者が求めていることはそれと違うかもしれません。

　対応策は必ず被害者と一緒に考えます。

「あなたは悪くない！」

　私たちカウンセラーが大事にしている魔法の言葉です。

　時として、いじめは受ける側にも問題があると言われます。被害者自身もそう考える場合があります。

　しかし、個性や性格を否定する権利など誰にもありません。

　心から血を流すほど深い傷を受けても構わない理由など、決してありません。

　いじめは心への障害行為です。それが原因で死に至れば、殺人行為です。しかしながらその傷やそれに伴う痛みが目に触れることがないので、その厳しい現実が認識されることはめったにありません。

　人身への行為同様、人心への暴力を容認する理由は、どこにもないのです。

8章　ユニバーサルマナー

　接遇という目に見えない商品で顧客満足を追求する私たちですが、その内容にはこれまで以上の奥行きが求められています。

　その背景の一つに超高齢社会が挙げられます。
　現在日本では65才以上の高齢者が3,000万人暮らしていて人口の約24％を占めています。2030年には30％に達する見込みです。
　そして高齢者は視覚障害・聴覚障害・肢体不自由・内部障害が複合的に起こることが珍しくありません。
　バリアフリー新法の制定により、多くの建物が誰でも利用しやすい環境になりつつあり、高齢者も外出しやすくなりました。しかし全ての建物や施設がバリアフリーではありません。たとえバリアフリーであっても、スタッフが適切なフォローができない場合もあります。
　高齢者の障害が複合的になることを考えれば、あらゆる障害に対するスキルを得ることは、高齢者への正確な対応へもつながります。

　現在障害者数は788万人で人口の6％にのぼっています。
　高齢者にも障害者にも、フォローをするご家族や友人がいます。そう考えると正しいサービスを求める人数は無尽蔵です。

　加えて、2020年には東京オリンピック・パラリンピックが開催されます。
　その時には多くの障害者とその関係者が来日するでしょう。適切な知識の下、高齢者や障害者に歩み寄ることができる多数の人材が求められているのです。

このような状況下、注目されるスキルとして「ユニバーサルマナー」があります。ユニバーサルマナーとは高齢者や障害者への適切なサポートやコミュニケーション方法です。そしてその根本は特別な知識や高度な技術を要するものではなく、身につけていて当然のマナーの領域です。

しかし100点満点でなくていいのです。
なによりも大切なのは「常に歩み寄っていく姿勢」と、「現状を少しでもより良くしようとする姿勢」でしょう。

しかし障害者は周りの人の「無関心」と「過剰反応」に困惑することが多いようです。「無関心」の背景には、「どうしたらいいか分からない」ことから生じる迷いや遠慮が含まれているのでしょう。

ユニバーサルマナー協会の調査結果をみると、57%の人が「分からない」＝「できない」と思って二の足を踏んでいるのです。それを察すると障害者の方たちは申し訳ない気持ちになるのだそうです。
逆に「＊＊してあげなきゃ！」という気負った思い込みは、とてもありがたいのだけど時には負担に感じるそうです。

求められているのは「さりげない配慮」です。
まずは「なにか、お手伝いできることはありませんか？」という声かけです。もしかしたら「大丈夫です！」と、断られるかもしれません。
しかし「見守ることも、おもてなし」です。いつでも駆け寄れるようにあたたかい眼差しで注意深く見守ってあげましょう。

肢体障害

　肢体障害には、いくつかの種類があります。
　「上肢不自由」は、食事や上着着脱のフォローが必要です。
　「下肢不自由」は、車椅子や杖の使用が必要となります。また、下半身の体温調節が困難であるという側面があります。
　「体幹・脊柱不自由」は、体を支える・バランスを取る・立ち上がる・座るなどの動作において、困難を伴います。

　さてここで、問題です。
　レストランに、車椅子に乗った高齢のお客さまがいらっしゃいました。適切でないサービスはどれでしょうか。

　1．笑顔で立礼する
　2．さりげなく車椅子を押す
　3．テーブルのイスを一つは外して、そこにご案内する
　4．親愛を込めて車椅子に手をかけながら、話しかける

実はこれらは全て、適切とは言い切れません。
1．車椅子の方と目線の高さを合わせましたか？　上から話しかけられると相手は威圧感を感じがちです。また80才以上のほぼ100％が罹る白内障の場合、視野の上部は特に不鮮明です。

2．車椅子を押した方がいいのか、事前に確認ましたか？　自分で車椅子を操作することを望む人もいます。また自分のペースよりも早いスピードで押されると不安を感じます。

3．車椅子のままがいいのか、お店のイスに座り直したいのか確

認しましたか？　腰が痛いから体勢を変えたい、下半身が冷えたから血行を良くしたい、視野の高さを変えたいなどの理由でお店の椅子を希望する場合もあります。

4．車椅子に触ることを事前に断りましたか？　特に長期間日常的に使っている方は、車椅子を自分の体の一部だと感じている場合が少なくありません。たとえ善意の行動であっても、無断で体に障られているような不快感を持たれる恐れがあります。

このように来店からテーブルへのご案内の間だけでも通常の業務とは違った細やかな配慮が必要になります。

宴会場においても同様です。あるホテルのパーティで車椅子の方にご登壇いただき表彰するシーンがありました。10センチほどの段差を男性4名で車椅子を抱え上げていました。
　階段のように2段以上ならば、確かに抱える必要があります。
　しかし1段ならば、前輪を壇上に乗せさえすれば一人が介助するだけでスムーズに登壇できます。段差が高かったり介助者の力が弱かったりする場合でも、もう一人が車椅子の前部を抱え上げるフォローするだけで十分です。これは決して難しい作業ではなく車椅子の構造と要領さえ分かれば女性スタッフでもできるようになります。

降壇の場合は体が前にずれ落ちないよう、後ろ向きに降りることが必須です。しかしそのパーティでは前向きに抱え降ろしていました。椅子が宙に浮く不安定感もあって、その方は不安だったと思います。これも手順さえ知っておけば一人の介助者でスムーズにできる作業です。

視覚障害

視覚障害は2つに大別されます。
「視力障害」と「視野障害」です。

視力（見る力）の障害は、全盲（視力の和が0.04未満）と弱視（視力の和が0.05〜0.3未満）に分かれます。

視野（見える範囲）の障害は、狭窄（視野が全体的に狭い）、欠損（視野の一部が見えない）、暗点（視野の中央部分が見えない）に分かれます。

弱視や視野障害の方は、外見では見えているように思われがちですが、実は危険を察知しづらいということに留意しておくことが必要です。

例えば弱視の方は、同系色の障害物などを認識しづらい傾向があります。視野障害のある方は、見えづらい方向から迫る危険を察知することができません。また高齢者の多くは白内障で視野がかすんでいます。

以下は全盲の方への対応を中心に記しますが、それ以外の方へのフォローの参考にもなれば幸いです。

お声がけの方法

①何よりも大切なのは、歩み寄る勇気。「腕や服に軽く触れながら」声をかけます。そうでないと自分に話しかけられているのか判断が難しいからです。

②そして名前と所属を伝えます。相手がホテルやレストランの人だと分かれば、より具体的な内容を頼めるようになります。

③それから必ず「なにかお手伝いしましょうか？」と、サポート

の必要性を伺いましょう。

移動時のサポート

①「自分の腕、肩、手首など」を相手の要望に合わせて持ってもらいます。相手の背中を押す、手をひく、白杖を持つなどは、相手のペースを乱してしまうのでＮＧです。右手左手のいずれが持ちやすいのかも確かめます。

②そして相手の「斜め一歩前」を歩きます。そうすることで自分が危険防止のために急に立ち止まった時に、相手が先に行くことを防げます。

③段差や通路の幅など「周囲の状況を伝えながら」ゆっくりと歩きます。立ち止まる場合や待つ場合には、その理由も丁寧に伝えましょう。

段差や階段でのサポート

①「上りなのか下りなのかも含めて」段差や階段があることを伝えます。

②段数が少なければ「3段の下り階段があります」と具体的に伝えると安心してもらえます。

③手すりがある場合は「手すりを使いますか？」と、確認します。
大切なことは、段差に向かって「正面から進む」ことです。斜めから進むと足を踏み外す危険性が広がります。

④目的地に着くまでに「3，2，1」とカウントダウンしがちですが、実はその感覚は人それぞれ。その場に着いた時に「○階に着きました」と伝えましょう。

⑤一段先に歩くか、横に並んで歩くかは、相手の要望に合わせます。歩くスピードも同様です。

⑥以前私が駅で電車の乗り換えのサポートを申し出た方はエスカ

レーターを望まれました。「階段、エスカレーター、エレベータのいずれが安心なのか」これも要確認です。

イスへの案内

①テーブルに着いたら、イスの形状や周りの状況（前方にテーブルがあることや、隣に人が座っていることなど）を説明します。

②全盲の場合は、その後「手をお借りしてよろしいでしょうか？」と声をかけて、イスの背もたれや座面に手を導いて、確認してもらいましょう。

メニューの案内

①「メニューをお読みいたしましょうか？」とお尋ねし、ご要望があったら対応します。まずは今日のお食事のご希望やお好みなどを伺い、それに沿って料理やドリンクの説明をします。ちなみに点字が読める視覚障碍者は全体の約10％に過ぎません。後天的に障害を持った方が多いからです。

②また料理によっては「お切りしましょうか？」とお尋ねし、ご要望があったら対応します。

トイレへの案内

①トイレへは可能な限り「同性が誘導」します。

②トイレの便器、トイレットペーパー、水洗ボタン、くず入れ、鍵、洗面所の場所などの「情報を説明」します。

③その後は「少し離れた場所で待機」しましょう。

身体が不自由な方のフォローをすることは、人として当然のことでもあります。しかし私たちはその上を目指さなければなりません。なぜならサービスの目的は、すべてのお客様に楽しんでいただく

ことだからです。障害のあるお客さまにも、その場に居合わせた他のお客さまにも心地よく過ごしていただかなければなりません。

　そのためには「介助という域を超えたさりげない対応」でその場の雰囲気を壊さないことが必要となります。
　それこそがサービススタッフに求められる上質のユニバーサルマナーといえるでしょう。

あるマネージャーの挑戦

　最後に以前帝国ホテルにお勤めだった小牧康伸さんのご経験をご紹介させてください。
　小牧さんは、帝国ホテル大阪に勤めていた時に視覚障害者のためのテーブルマナー講師を務める機会を得ました。しかしマナーをお教えする前に、まずは食事の楽しさを知っていただきたいと思ったそうです。

　そこでロビーに流されている安らぎの音楽を研修会場でおかけし「ホテルを感じてください」と語りかけました。
　またメニュー表にホテルのロビーで使っているオリジナルの香りをつけ、手に取っていただきながら「これがホテルの香りです」と言って、ホテルの雰囲気を体感して頂きました。
　それからゆっくりと、テーブルマナーの説明に入ったそうです。

　お客様が求めているのは「楽しい食事」であり、それを手助けするのが「テーブルマナー」だという優先順位をぶれることなく守った、その見識と想いの深さに心から感じ入りました。

おわりに

　お客様へのサービスは、いつも真剣勝負です。
　マネージャーは、それをお店全体で構築するのが役割です。

　しかしながら、計数管理や人事評価などを任されながらも、決定権を移譲されていない状況が散見されます。
　また、かつて同僚だった、あまり年齢の離れていない部下にあれこれ指示をするのは気が引けるものです。

　広範囲の仕事を背負い、且つ失敗が許されないマネージャーは本当に大変です。

　では、マネージャーとしての教育は、会社から施されているでしょうか。
　マネージャーとしてあるべき姿を、先輩に直接教わったり、先輩の後ろ姿を見たりなど、個々に模索しているのが現状ではないでしょうか。

　一方、モンスターカスタマーが増えています。お客様のサービスへの期待の高さと寛容性の低下によるものでしょう。
　サービス業はブラックだという認識も顕在化してきました。働き手の仕事に対する意識の変化もその要因の一つです。

　こうした世情に対応するためには、マネージャーとしてのスキルが必要不可欠であり、的確な言動こそが、お客様や部下の安心感や信頼感を育む「土壌」ではないかと考えます。

そこで本書では、中国料理に関する知識やマネージャーとしての考え方、部下との向き合い方などをまとめました。

　また、マネージャーとしての立ち位置や業務内容をクリアにすることは、組織の中での中途半端な仲間意識を排し、結束を固めることにつながります。

　サービスという仕事の根底には、熱い思いが流れています。
　サービスの仕事の奥深さは、経験に裏打ちされています。
　しかしながら、熱い思いや経験だけでは「今」のお客様や部下への対応が充分とは言い難い状況ではないでしょうか。

　本書がより良いサービスの一助になれば、幸いです。

遠山　詳胡子

協力
　小笠原信之（日本ソムリエ協会　最高技術顧問）
　山岡　洋（元ハイアットリージェシー東京常務取締役　総料理長）

参考文献
　『中国食物史』柴田書店
　『ホテル産業要論』プラザ出版
　『荘子』明徳出版社
　『東方見聞録』社会思想社

プロフィール

中島將耀（なかじま・まさき）

1949年　東京都生まれ。國學院大學中国文学科中退
　　　　AIMフードサービス マネージメントトレーニングスクール卒業

経歴
　1967年　『赤坂飯店』（北京・四川・上海）にて調理技術を学び現場に入り、その後、本店店長となる
　1979年　エームサービス株式会社　事業所長
　1980年　ホテル センチュリー・ハイアット（現　ハイアット・リージェンシー東京）にて、宴会サービス担当に。その後『翡翠宮』（北京・上海料理）のマネージャーに就任。その間、香港グランド・ハイアットおよび、香港ハイアット・リージェンシーにて研修
　1995年　『赤坂璃宮』（広東料理）総支配人
　1996年　ホテル日航東京『唐宮』（広東料理）マネージャーに就任
　2002年　六本木『楼外楼』（上海料理）アドバイザー
　2005年より　織田調理師専門学校 料飲サービス常勤講師
　2007年　公益社団法人日本中国料理協会 功績章を受章
　　　　　日本中国料理協会　サービス技能支部相談役

資格
　調理師免許
　一般社団法人 日本ホテル・レストランサービス技能協会認定 中国料理食卓作法講師

著書・共著
　「中国料理の食卓作法」（キクロス出版）
　「中国料理のマナーマニュアル」（チクマ秀版社）
　「サービスマンに学ぶテーブルマナー教室」（チクマ秀版社）

プロフィール

遠山詳胡子（とおやま・しょうこ）

1959年　宮崎県生まれ。東洋大学大学院国際観光学修士。
「業界の常識は世間の非常識」という鋭い視点で問題提起をしている、サービス業界のカリスマ的存在。全国の企業や団体で研修や講演を求められ、各階層を対象に指導している。
株式会社エムシイエス代表取締役。東洋大学非常勤講師。

資格
国際コーチング連盟（ＩＣＣ）認定　国際コーチ
サンタフェＮＬＰ／発達心理学協会認定　ファシリテーター
公益社団法人日本ブライダル文化振興協会認定　初代ブライダルマスター
一般社団法人日本ホテル・レストランサービス技能協会認定　テーブルマナー
　　マスター講師
一般社団法人メンタルヘルス協会認定　メンタルヘルス・カウンセラー
日本ホスピタリティ推進協会認定　ホスピタリティ・コーディネータ　他

著書・単著
「ウェディング マジック」（キクロス出版）
「プランナーズ マジック」（キクロス出版）
「ブライダル・フェア マニュアル」（キクロス出版）
「「できる部下」を育てるマネージャーは教えない！」（キクロス出版）
「骨太サービスを創るメンタルマネジメント」（オータパブリケーションズ）

著書・共著
「サービス＆ホスピタリティ・マネジメント」（産業能率大学出版部）
「ソーシャル・ホスピタリティ」（産業能率大学出版部）
「ブライダル・ホスピタリティ・マネジメント」（創成社）

中国料理のマネージャー

2017年2月25日　初版発行

著者　中島將耀・遠山詳胡子

発行　株式会社 キクロス出版
　　　〒112-0012　東京都文京区大塚6-37-17-401
　　　TEL.03-3945-4148　FAX.03-3945-4149

発売　株式会社 星雲社
　　　〒112-0005　東京都文京区水道1-3-30
　　　TEL.03-3868-3275　FAX.03-3868-6588

印刷・製本　株式会社 厚徳社

プロデュース　山口晴之　エディター　浅野裕見子
デザイン　山家ハルミ

Ⓒ Nakajima Masaki・Toyama Shoko 2017 Printed in Japan
定価はカバーに表示してあります。乱丁・落丁はお取り替えします。

ISBN978-4-434-22876-6